MARCO POLO

Camper Guide

Ostseeküste
& Mecklenburgische Seenplatte

Insider-Tipps
Für deine Wohnmobil-Touren

in Zusammenarbeit mit
PaulCamper

Inhalt

Das Beste zuerst

Best of Campingplätze 4
Der perfekte Campingplatz für jeden Typ

Entdecke die Ostseeküste & Mecklenburgische Seenplatte 6
Hintergrundinfos zu Land & Leuten

Essen & Trinken 10

Trend- und Funsport 14

 Insider-Tipp

- **i** Serviceangaben
- **P** Parkplatz
- 📷 Fototipp
- 🐾 Hunde willkommen
- 😊 kinderfreundlich
- ☀ schöne Lage
- **€ – €€€** Preiskategorien

Planen – Packen – Losfahren

Gut zu wissen 198
Die Basics für deinen Urlaub von A wie Anreise bis W wie WLAN

Feste & Events 202

✅ **Camper-Packliste**
checked by *PaulCamper* 204

✅ **Fahrzeugcheckliste**
checked by *PaulCamper* 206

Adventure Kids
checked by *PaulCamper* 208
Kinderspaß für unterwegs

Urlaubsfeeling 210
Apps, Bücher, Filme & Musik

Register & Impressum 213

> Hol dir den Soundtrack zum Urlaub auf **Spotify** unter **MARCO POLO Ostsee & Seenplatte**

Bloß nicht 216
Fettnäpfchen & Reinfälle vermeiden

 DIGITALE EXTRAS

TOUREN-DOWNLOAD

Alle Touren als gpx-Download zur einfachen Navigation
marcopolo.de/camper-guide/ostseekueste-seenplatte.html

Inhalt

Die besten Touren an der Ostseeküste & Mecklenburgische Seenplatte

Alle Touren im Überblick 18

Tour A

**Los geht's im hohen Norden –
Von Flensburg nach Preetz 20**
- Flensburg 30
- Schleswig 34
- Kiel 38

Tour B

**Wo die Schweiz nah am Meer liegt –
Von Preetz nach Travemünde 42**
- Eutin 52
- Fehmarn 56
- Travemünde 60

Tour C

**Auf den Spuren der Hanse –
Von Lübeck nach Rostock 64**
- Lübeck 74
- Wismar 78
- Rostock 82

Tour D

**Reif für die (Halb-)Insel –
Von Warnemünde nach Greifswald 86**
- Ahrenshoop 96
- Stralsund 100
- Greifswald 104

Tour E

**Wie ein kleiner Kontinent –
Einmal rund um die Insel Rügen 108**
- Sassnitz & Nationalpark Jasmund 118
- Seebadeort Binz 122
- Halbinseln Mönchgut 126

Tour F

**Wo der Kaiser Urlaub machte –
Von Greifswald über Usedom nach Anklam 130**
- Peenemünde & Inselnorden 140
- Kaiserbäder 144
- Usedomer Schweiz 148

Tour G

**Seen, Herrenhäuser und verwunschene Schlösser –
Von Güstrow nach Malchow 152**
- Güstrow 162
- Schwerin 166
- Plau am See 170

Tour H

**Quer durchs Land der tausend Seen –
Von Waren nach Röbel 174**
- Waren 184
- Neubrandenburg 188
- Neustrelitz 192

Best of Campingplätze

ALLES ODER NICHTS

Kiten, Surfen, Segeln – in der Surfoase Mönchgut auf Rügen geht (fast) alles – auch nichts tun

1 FÜR NATURLIEBHABER

Der Weg zum nördlichsten Campingplatz Deutschlands lohnt sich: Im **Ostseecamp Glücksburg-Holnis** hast du einen der schönsten Sandstrände an der Ostsee vor der Womo-Tür. Die Lage auf der grünen Halbinsel Holnis ist eine ideale Basis zum Wandern im Naturschutzgebiet oder zum Surfen, Kiten und mehr. Ringsum erstreckt sich eine romantische Landschaft voller Schlösser und Reetdachhäuser. ▶ S. 33

2 WAS DAS KINDERHERZ BEGEHRT

Dieser Platz ist ideal für Groß und Klein. Eine lange Sandbank hält Wellen ab und macht das Baden vorm **Campingplatz Flügger Strand** für den Nachwuchs ungefährlich. Indianer- und Piratenpartys, Nachtwanderungen, Zauberkurse und Theater halten die Kids bei Laune. Im Kinderland warten eine lustige Palmendusche und die separaten Familienbäder „Möwe" und „Seestern". ▶ S. 59

Best of Campingplätze

3 FÜR ANHÄNGER DER FREIKÖRPERKULTUR

In der DDR war FKK Kult. Das **Feriencamp Börgerende** ist zwar keine Nudisten-Anlage, aber nur ein paar hundert Meter von diesem Wellness-Campingplatz entfernt gibt es den schönsten FKK-Strand – im feinen weißen Ostseesand hinter einem Dünenwall kann sich jeder textilfrei entspannen. ▶ S. 85

4 AUF DEN SPUREN DES GROSSEN MALERS DER ROMANTIK

Auf dem Platz **Camping an der Dänischen Wiek** am Stadtrand von Greifswald steht ihr auf grüner Wiese mit tollem Boddenblick – und nah am Kulturgeschehen. Der Caspar-David-Friedrich-Bildweg verläuft gleich nebenan, und ins geschichtsträchtige Stadtzentrum ist es nicht weit. ▶ S. 107

5 OASE FÜR WASSERRATTEN

Für manchen scheint hier die Welt zuende, für Wassersportler hingegen ist es ein Traum. Der Campingplatz **Surfoase Mönchgut** liegt einsam am äußersten Südostzipfel Rügens, Infrastruktur außerhalb der Anlage sucht man vergeblich. Dafür stehen die Wohnmobile direkt am langen, naturbelassenen Strand, und die zum Platz gehörende Surfschule verleiht Top-Equipment – da steht dem nassen Vergnügen nichts mehr im Weg. Wem nach Tagen im nassen Element nach Trockenübungen zumute ist, kann durch die nahen Zickerschen Berge wandern. ▶ S. 129

Entdecke die Ostseeküste & die Seenplatte

INSPIRIEREND

Dieses Licht, dieser Blick – schon seit über hundert Jahren fasziniert das Hohe Ufer bei Ahrenshoop viele Künstler

Der Sand ist ganz fein und beinah schneeweiß. Die See schimmert türkisfarben, Möwen segeln darüber hinweg, die Luft ist glasklar und frisch. Aus der Strandbar nebenan dringt Gläserklirren, das Lachen fröhlicher Menschen. So ist das vielerorts an der deutschen Ostseeküste, die mehr als 2000 km weit von der Flensburger Förde bis nach Usedom an der Grenze zu Polen reicht. Diese Region wird genau wie die Mecklenburgische Seenplatte als Urlaubsziel immer beliebter. Warum? Weil sie Charakter hat, eine top Infrastruktur – und weil Wetter und Menschen längst nicht so eigen sind, wie mancher einst dachte.

FISCHERS FRITZ

Leinen schlagen im Wind an die Masten der Segelboote, Fischkutter schubbern am Kai, Möwen kreischen. Es ist acht Uhr morgens, über der Ostsee liegt noch ein zarter Dunstschleier. Im Hafen haben die ersten Verkaufsbuden geöffnet, es riecht nach Schiffsdiesel, Salz und, natürlich, nach frischem Meeresgetier. Außer „moin moin" wird hier wenig gesagt, Fischköppe als solche sind wortkarg und Fischer besonders. Ihr Job ist hart, der Ertrag nicht immer erbaulich. Überfischung trotz ungeliebter EU-Fangquoten ist nur ein Problem dieses Berufsstands. Trotzdem lieben die Fischer ihre Arbeit, man schließt sich zu Genossenschaften zusammen, kümmert sich um Artenschutz, indem man Fanggebiete meidet, in denen besonders gefährdete Arten vorkommen. Bessere Qualität als an den Buden und Kuttern direkt am Kai ist schwerlich zu finden – also alles klar fürs Festessen heute Abend vorm Wohnmobil.

Große Geister

Theodor Fontane schrieb das Schleswig-Holstein-Lied, Thomas Mann logierte in Travemünde, Dostojewski verspielte dort im Casino sein Geld. Ernst Barlach schuf die schönsten Skulpturen in Güstrow, Caspar David Friedrich formte mit seinen Bildern den Mythos von Rügen und Gerhart Hauptmann verbrachte glückliche Jahre auf Hiddensee. Man sieht: Diese Region inspiriert.

Privatsache

Husch husch, ins Körbchen! Wenn der Wind stärker wird und der Himmel mal wieder die Stirn runzelt, zieht sich der Ostsee-Urlauber gern in seinen Strandkorb zurück. Dort ist er gegen alle Wetter und interessierte Blicke der Strandnachbarn gefeit. Motto: My Korb is my castle. Erfunden wurde diese geniale Einrichtung natürlich vor Ort – ein Rostocker Handwerker hat den Erstling Anno 1882 gebaut.

Wetter? Und wie!

Von wegen die Norddeutschen kommen schon mit Südwester zur Welt. Ja, an der Küste weht bisweilen ein ordentlicher Wind, doch scheint auch oft die Sonne. Fehmarn zum Beispiel zählt 2200 Sonnenstunden im Jahr und gilt damit als sonnenreichste Region der Republik, weshalb die Insel gern als „Hawaii des Nordens" gewürdigt wird. Und Rügen liegt mit 84 Schönwetter-Tagen am Stück bundesweit an der Spitze. Noch Fragen? Dass die Wassertemperaturen selten karibische Werte erreichen, lässt geübte Ostseeurlauber kalt. Und die Einheimischen genießen ihre Waterkant bevorzugt in der Nebensaison und springen auch dann vergnügt ins kalte Wasser, wenn Auswärtige dick eingepackt an den Stränden nach Bernstein suchen.

AUF EINEN BLICK

508 m
RAGT DIE SEEBRÜCKE VON HERINGSDORF INS MEER

23.174 km²
Fläche
[Schleswig-Holstein 15.763 km²]

1.750
Sonnenstunden jährlich
[bundesweit 1.480]

1/3
der Landesfläche Mecklenburg-Vorpommerns steht unter Naturschutz

60 kg
WIEGT EIN NORMALER STRANDKORB

~ 120
CAMPINGPLÄTZE AN SCHLESWIG-HOLSTEINS OSTSEEKÜSTE
[170 in Mecklenburg-Vorpommern]

30 km²
Fläche misst der kleinste Nationalpark Deutschlands
[Jasmund auf Rügen]

1.700 km
KÜSTENLÄNGE
[Schleswig-Holstein 384 km]

3.900
WINDKRAFTRÄDER IN SCHLESWIG-HOLSTEIN

Entdecke die Ostseeküste & die Seenplatte

Junge, komm wieder

Schon mal so schöne Türen gesehen? An vielen Häuschen in kleinen Ostsee-Orten gibt es sie noch (meist sitzt dann oben drüber ein Reetdach): Liebevoll von Hand geschnitzte und sorgsam bemalte Hauseingänge. Die standen einst für das Hoffen und Bangen von Seefahrerfamilien – sie sollten den Männern auf dem Meer Glück bringen und für deren sichere Heimkehr sorgen.

Prima Netzwerk

Stille Wasser sind tief und fischreich, und Mecklenburg-Vorpommern hat neben der tollen Küste rund 2000 Binnengewässer. Jahrhundertelang lebten auch hier die Familien vom Fischfang, und ein paar tun das noch heute. Rund 40 Arten tummeln sich in kristallklaren Seen und Flüssen. Urlauber, die beim Fischer Ferien machen, dürfen bisweilen auch in den flachen Kähnen mit rausfahren – ein authentisches Erlebnis mit Selfie-Qualität.

Wellness? Pur!

Es duftet nach warmen Ölen, leise Musik rieselt vom Band. In der Therme mit Ostsee-Blick nimmt die Lomi-Lomi-Massage ihren Lauf, am Strand beginnt derweil ein Qigong-Kurs. In den traditionellen Badeorten und Seebädern von der Flensburger Förde bis Usedom findet ihr all die Wohltaten, die es einst nur auf Hawaii oder Bali gab. Dazu kommen meist gratis: Klare Ostseeluft statt Tropenschwüle, moderate Temperaturen anstelle brutaler Hitze, die entspannte Wanderungen und Radtouren erlauben. Jahrhundertelange Erfahrung in Sachen Kur mit heimischen Zutaten wie Heilkreide, Sole und Moor. Eine klassische Bäderarchitektur, deren Schönheit das Herz berührt. Und eine Landschaft, die mit leuchtender Rapsblüte im Frühjahr bis zu verschneiten Stränden im Winter so zauberhaft ist, dass man die Südsee – wenn überhaupt – nur ganz kurz vermisst. Zumal am Strand schon die nächste Qigong-Stunde startet.

KLEINES MEER

Warum die Müritz so genannt wird, verrät der Blick vom Turm der Marienkirche in Röbel

Essen & Trinken

FRISCHE FISCHE & MEE(H)R

Auf dem Stellplatz in Peenemünde habt ihr den Restaurantkutter samt Hafenbar direkt vor der Wohnmobiltür

Fleisch kann, Fisch sollte, Schnaps muss! Und wer noch kein gutes Labskaus verspeist hat, der hat einen wichtigen Stern an Norddeutschlands Küchenhimmel verpasst. An der Ostseeküste und rund um die schönen Seen wird deftig gegessen, meist mittags und früh am Abend, oft Gerichte aus regionalen Produkten, und es darf gerne mehr sein. Wo einst eher bodenständig gekocht wurde (Motto: Hauptsache satt), kommen heute auch Speisen mit viel Raffinesse auf den Tisch. Etliche Sternerestaurants belegen das. Und der weltbeste Küstensnack geht an deutschen Gestaden über den Tresen – in Form von knackigen Fischbrötchen.

Essen & Trinken

VON AAL BIS ZANDER: F(R)ISCH AUS DEM WASSER

Fisch ist der Star in den Restaurants an Küste und Seen, oft gelangt er direkt vom Kutter oder Boot in die Küche. Dorsch, Lachs, Hering (speziell im März und April), Flunder & Co werden in der offenen Ostsee, Hecht, Barsch, Aal und mehr in mecklenburgischen Boddengewässern gefangen, aus den Seen kommen Zander und Kleine Maräne dazu. Der Fang wird gebraten, gedünstet, gebacken, frittiert, geräuchert oder sauer eingelegt, wahlweise als Fischsuppe, in Senfsauce oder mit süßem Obst gereicht. Noch stechen Fischer von den kleinen Häfen in See, allen Problemen zum Trotz, zu tief ist die Tradition in der Region verankert. Der Küsten-Klassiker wird in Schleswig-Holstein sogar eigens gefeiert: Beim Weltfischbrötchentag am ersten Samstag im Mai dreht sich in 14 Orten alles um den maritimen Snack.

Zitrone des Nordens

Die kleinen Früchte sollen eine große Wirkung haben: Sanddorn, wie er vielerorts in Norddeutschland an bis zu zwei Meter hohen Sträuchern wächst, hat weit mehr Vitamin C als zum Beispiel Zitronen. Verarbeitet werden die sorgsam gepflückten orangeroten Beeren zu Saft, Likör, Kuchen, Eis, Marmelade, Schnaps und sogar Wein – schöne Souvenirs von der Wohnmobiltour.

DIE NACHBARN LASSEN SCHÖN GRÜSSEN

Von 1648 bis 1903 gehörten Vorpommern und Teile Mecklenburgs zu Schweden, das hat kulinarische Spuren hinterlassen. So wird der Mecklenburger Rippenbraten im schwedischen Stil mit Backobst zubereitet und Grünkohl gibt's mit Rosinen. Auch östliche Nachbarn haben sich auf den Speisekarten verewigt: so etwa die russische scharf-saure Suppe *Soljanka* oder der Kohleintopf *Borschtsch* (mit viel Rote Bete und Rindfleisch).

Besser früh als nie, oder: Wer zu spät kommt, bleibt hungrig

Betritt man in einem Küstenort oder einem Dorf in der Holsteinischen Schweiz oder in der Mecklenburgischen Seenplatte nach 21 Uhr ein Restaurant, kann es sein, dass der Koch nur noch bedauernd mit den Schultern zuckt. Hier wird nämlich früh zu Abend gegessen, meist ab 18 Uhr. Mittags solltet ihr gegen 12 Uhr einkehren, nach 14 Uhr wird oft nur noch Kaffee gereicht. Wer zu spät kommt, bleibt hungrig – außer, er hat sich zuvor mit guten Produkten aus der Region versorgt.

Mit Liebe hausgemacht

In Mecklenburg-Vorpommern laden rund 200 Hofläden und Hofcafés dazu ein, auf der Tour hier eine Pause einzulegen. Angeboten wird vor allem Hausgemachtes, von Apfelkuchen bis Ziegenkäse. Übrigens: In Schleswig-Holstein gibt es eine 500 km lange Käsestraße, die 30 handwerkliche Käsereien verbindet.

MENÜKARTE

Vorspeisen

Maritime Variationen
Mit geräucherten und marinierten Fischen und Muschelsülze

Geschwenkte Flusskrebse
Serviert mit Gemüse und Grießklößchen

Desserts

Rote Grütze
Angedickter Beerensaft, mit Vanillesauce oder Eis serviert

Plettenpudding
Schichten u.a. aus Biskuit, Makronen und Eiercreme

Getränke

Lübecker Rotspon
Französischer Rotwein, in der Hansestadt abgefüllt

Tote Tante
Heißer Kakao mit Rum und Sahnehaube

Hauptgerichte

Aal in Dillsauce
Sud aus Wein, Zwiebel, Lorbeer, Zitronenschale, mit Sahne und Eigelb legiert. Zum Schluss fein gehackter Dill dazu

Kieler Sprotten
Über Buchen- und Erlenholz goldfarben geräucherte ganze Heringe

Gefüllter Schweinerücken
Unter die Hackfleischfüllung sind u. a. klein geschnittene Backpflaumen gemischt

Mecklenburgische Kartoffelsuppe
Mit Pflaumen und Speck

Sauerfleisch
In Brühe mit Gemüse eingekochtes Schweinefleisch, kalt zu Bratkartoffeln

Grünkohl mit süßen Kartoffeln, Rosinen und Zucker
Wahlweise dazu Kassler, Kohlwurst, Schweinebacke oder alles

Essen & Trinken

DER ALTE SEERÄUBER WÄRE ZUFRIEDEN

Bier wird gerne getrunken im hohen Norden, meist lieber als Wein. So sorgt die Stralsunder Störtebeker Braumanufaktur seit mehr als 800 Jahren für zünftigen Gerstensaft, der namengebende Seeräuber wäre sicher zufrieden mit dem Ergebnis. Am anderen Ende der Küste hat es das Flensburger Pils nicht nur wegen der markanten Bügelverschluss-Flaschen zu Ruhm gebracht, es gibt auch mehr und mehr regionale Craft-Bier-Brauereien. Aus Flensburg kommt auch hervorragender Rum, Basis für einen steifen Grog (Motto: Rum muss, Zucker darf, Wasser kann). Der gelbe *Köm* (Korn) und der *Kleine Feigling* (Wodka mit Feige) sind ebenfalls hochprozentiger Kult. Zudem pflegt der Norden eine große Kaffeekultur, das reicht von Spezialitäten der kleinen feinen Röstereien bis hin zu traditionellen Spezialitäten wie *Pharisäer:* Kaffee mit viel Zucker, Sahnehaube und – einem guten Schuss Rum.

Schwarzsauer, Labskaus & Co: norddeutsche Spezialitäten

Schon mal *Labskaus* probiert? Sieht nicht so aus, schmeckt aber super: Als Seemannsgericht wurde der rötliche Eintopf einst aus Resten kreiert, heute aus fein zerkleinertem, gepökeltem Rindfleisch, Kartoffeln, Roter Bete (daher die Farbe), Zwiebeln, dazu kommen Rollmops, Gurke und Spiegelei. Ein Küstenklassiker. Andere regionale Spezialitäten, die nicht mehr auf jeder Karte stehen, sind etwa *Schwarzsauer,* eine Blutsuppe mit Fleisch, Zwiebeln, Nelken, Lorbeer und etwas Zucker in Essigwasser gekocht, dazu gibt es meist Klöße. Oder *Gröner Heini,* das sind süße Birnen mit grünen Bohnen und geräuchertem Speck. Für die mecklenburgische Nachspeise *Arme Ritter* werden Weißbrotscheiben in einer Masse aus Eiern, Milch, Zucker, Zimt und geriebener Zitronenschale gewälzt und goldgelb angebraten – einst ein Arme-Leute-Essen, immer noch lecker und auch in der Wohnmobil-Küche machbar.

VON AAL BIS ZANDER

Deftig oder fein, schnell auf die Hand oder edel im Sternerestaurant, Fisch ist kulinarisch allgegenwärtig

Trend- & Funsport

ABHEBEN ÜBERM WASSER

Wer's noch nicht kann, bucht einen Kurs in einer der vielen Surfschulen an der Ostseeküste oder an der Müritz

Inlineskaten

Wann? Geht praktisch immer, so lange die Wege schnee- und eisfrei sind.

Wo? Die breiten Ostsee-Promenaden sind ideal dafür, egal ob in Schleswig-Holstein oder Mecklenburg-Vorpommern.

Wie? Das Equipment kostet nicht die Welt (Helm und Gelenkschutz sind Pflicht). Im Sommer gibt es tolle Skater-Treffen, etwa die Kieler Blade Night *(kiel-blade-night.de)*. Tipps und Regeln findest du z. B. bei *skatecheck.de*.

Reiten

Wann? Reiterurlaub in Schleswig-Holstein und Mecklenburg-Vorpommern ist ein sinnliches Vergnügen zu jeder Jahreszeit.

Wo? Ihr könnt eine mehrtägige Wandertour zum Beispiel durchs Mecklenburger Hinterland unternehmen oder über einen Ostseestrand galoppieren. Leider ist das nicht überall erlaubt, Infos bieten Websites wie *auf-nach-mv.de/reitwege*.

Wie? Reiterhöfe gibt es zuhauf, Infos etwa unter *reiten-inmv.de*.

Trend- & Funsport

Segeln, Surfen & Kiten

Wann? Trotz vieler Sonnentage erreichen die Wasser- und Lufttemperaturen erst ab etwa Mai angenehme Werte, die sich bis Ende September halten. Im Juli und August wird die Ostsee im Schnitt knapp 20 °C, in geschützten Lagen gar bis 23 °C warm.

Wo? Nahezu überall an der Ostseeküste gibt's tolle Wassersportzentren, wie etwa Surf City in Neustadt-Pelzerhaken *(sailandsurfpelzerhaken.de)* oder Sail & Surf auf Rügen *(segelschuleruegen.de)*. Flachwasserreviere in den geschützten Bodden- und Flusslandschaften oder an der Müritz eignen sich besonders gut für Anfänger.

Wie? Schulen sind in der Regel von Mai bis Ende September geöffnet, hier kannst du auch jede Art von Equipment ausleihen.

SUP & Kanu

Wann? Fürs ruhige Stand-up-Paddling (SUP) sollte das Wasser schon einigermaßen warm sein, die beste Zeit ist etwa von Juni bis August. Die Kanusaison dauert etwas länger, Sportkanuten beginnen oft schon im März.

Wo? Mit den wackligen SUP-Brettern und mit Kanus kann man sich bei ruhigem Wetter auch gut aufs offene Meer wagen. Anfänger und Ungeübte sind auf großen Binnengewässern wie dem Plöner See oder der Müritz besser aufgehoben (etwa *fun-mueritz.de)*, ebenso am windgeschützteren Bodden und Haff.

Wie? Viele Segel- und Surfschulen bieten auch SUP-Kurse samt Ausrüstung an, die sich aber oft auf den Sommer beschränken. Zwischen April und Oktober kann man dort meist auch Kanus ausleihen.

DANKE EISZEIT

... für die unzähligen mecklenburgischen Seen, die man per Kanu, Hausboot oder Surfbrett erkunden kann

Die besten Touren an der Ostseeküste & durch die Mecklenburgische Seenplatte

HIMMELSSCHAUSPIEL

Gratis aufgeführt von Sonne und Regen bei Trassenheide auf Usedom. Das Licht an der Ostsee inspirierte schon Caspar David Friedrich zu seinen schönsten Werken

Alle Touren im Überblick

OSTSEE VORAUS

Der Leuchtturm an der Spitze der Lotseninsel Schleimünde zeigt den Kapitänen, wo's lang geht

Tour A

Los geht's im hohen Norden
Von Flensburg nach Preetz

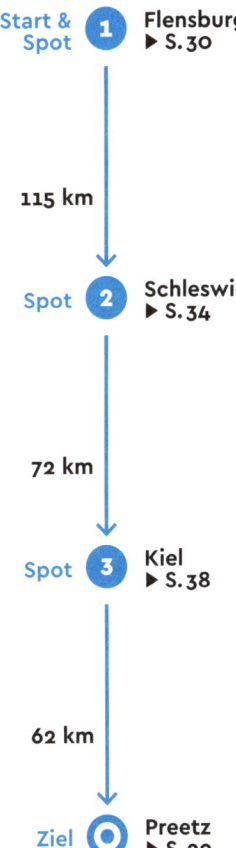

Frische Meeresluft zaust das Haar, die Sonne britzelt auf salziger Haut, das Wasser glitzert in allen Blau- und Türkistönen: Etwa so fühlt sich ein Sommertag an Schleswig-Holsteins nördlicher Ostseeküste an. Zwischen der dänischen Grenze und der Kieler Förde wechseln sich bunte Orte und Städte ab mit stillen Stränden. Wer nach Entschleunigung sucht, wird sie hier finden.

Strecke 250 km

Reine Fahrzeit 4 Std. 40 Min.

Streckenprofil Ausnahmslos gut ausgebaute Straßen, wenig Steigungen und Gefälle, im Bereich der Schlei teilweise sehr schmale, gewundene Straßen.

Empfohlene Dauer 6–8 Tage

Anschlusstouren B

FACTS

Tour im Überblick

A Tourenverlauf

Start & Spot **1**

Flensburg
Hier ploppt nicht nur das Bier mit dem Bügelverschluss ▶ **S. 30**

15 km | Nach schönen Tagen in Flensburg fahrt zunächst über die B 199 gen Osten. In Höhe der Ortschaft **Munkbrarup** geht es dann links ab und auf einer schmaleren Landstraße nach Glücksburg.

Glücksburg
Der 6000-Einwohner-Ort ist dank seiner Lage zwischen Meer und Wald traditionelles Seebad und Luftkurort zugleich. Die schöne Kurpromenade, der feine Strand und ein historischer Stadtkern verführen leicht dazu, länger zu bleiben als gedacht. Wenn ihr noch ein Stückchen weiter fahrt auf die Halbinsel Holnis mit ihrem feinen Campingplatz *(ostseecamp-holnis.de, s. bei Spot Flensburg)*, ist der Tag fast ausgefüllt. Zumal ja noch die wichtigste Besichtigung ansteht:

Schloss Glücksburg

Dieses strahlendweiße Anwesen von 1585 mit seinen achteckigen Türmen thront auf einer Insel im Schlossteich und ist ein echter Fernsehstar („Der Fürst und das Mädchen"). Schönes Rosarium, diverse Führungen.

ℹ️ Mai–Okt. tgl. 10–18, Nov.–April Sa/So 11–16 Uhr | 8 €, Schüler/Studenten 6 € | schloss-gluecksburg.de

🅿️ *Direkt vor dem Damm zum Schloss. Von hier aus kannst du auch gut den Ort erkunden.*

11 km | Fahr nun zurück auf die B 199 und dann kurz darauf links ab über eine schmale Landstraße nach Langballigholz.

Langballigholz
Im Hafen des kuscheligen kleinen Ortes an der Flensburger Förde liegen nicht nur viele Segelboote, hier könnt ihr auch frischen Fisch direkt vom Kutter für die Bordküche bunkern oder gleich auf einem Brötchen genießen, am Hafenkiosk Souvenirs kaufen oder am Naturstrand sonnen.

🅿️ *Für Wohnmobile bietet sich der Kurzzeit-Parkraum direkt am Meer an. Nebenan liegt schön der Campingplatz Langballigau (campingplatz-langballigau.de).*

Von Flensburg nach Preetz

4 km | Von Langballigholz geht es auf demselben Weg zurück zur B 199 und hier nach links in wenigen Minuten nach Unewatt.

Landschaftsmuseum Angeln in Unewatt

Das winzige Dorf in idyllischer Umgebung bietet eine Zeitreise in das Landleben von einst. Im Landschaftsmuseum Angeln kannst du in den Alltag auf dem Land eintauchen und erleben, wie es früher in Buttermühle, Räucherei, Windmühle und mehr so zuging.

ℹ *Unewatter Straße 1a | Mai–Sept. Di–So 10–17 Uhr, April und Okt. Fr–So 10–17 Uhr | 5 €, bis 18 Jahre frei | museum-unewatt.de*

🅿 *Mittelgroßer Platz direkt vor dem Haupteingang*

32 km | Auf der B 199 weiter ostwärts folgt nach gut 20 km zunächst der Kneippkurort **Gelting** mit seinen rosenumrankten Backsteinhäusern und einer gotischen Kirche. Nach weiteren 10 km biegt ihr von der B 199 links auf eine schmale Landstraße nach Maasholm ab.

Maasholm

Direkt vom Parkplatz am Ortseingang führt die handtuchschmale, kopfsteingepflasterte Hauptstraße mit Restaurants wie „Störtebeker" oder „Sand am Meer" zum Fischerei- und Yachthafen. Hier geht die Schlei, Deutschlands längste Förde, in die offene Ostsee über. Das

FILMKULISSE

Schloss Glücksburg ist ein gefragter Drehort für TV-Serien und Dokumentationen

Tourenverlauf

urigste Lokal vor Ort ist übrigens die „Giftbude" auf der Lotseninsel Schleimünde, als Seglertreff jedoch nur mit dem Boot erreichbar.

P Großer Kurzzeit-Parkplatz am Ortseingang, über Nacht steht ihr am besten auf dem gut ausgestatteten Stellplatz am Seglerhafen (GPS 54.685764, 9.991866) – maritimer geht's nicht!

13 km | Fahrt nun von Maasholm auf demselben Weg wieder zurück zur B 199, biegt dort nach links ab und nehmt Kurs auf einen der schönsten Zwischenstopps in dieser Region: Kappeln.

Kappeln

Was diese 9000-Einwohner-Stadt so anziehend macht? Es ist die Vielfalt attraktiver Punkte auf relativ kleinem Raum: Die gemütliche Altstadt mit dem kleinen Hafen, wo neben Ausflugsbooten und dem Raddampfer „Schlei Princess" etliche Fischkutter liegen – zum Fischfang dient übrigens noch immer ein hölzerner, vom Kai aus gut sichtbarer Heringszaun aus dem 15. Jh., in dem sich die Beute verfängt. Oder die Dampfeisenbahn, die vergnügt ins benachbarte Süderbrarup zuckelt. Serienfans wird es in die Kneipe aus dem TV-Dauerbrenner „Der Landarzt" ziehen. Und nicht zuletzt die schneeweiße Holländer-Windmühle namens Amanda, 1888 erbaut und mit 32 m die höchste ihrer Art in Schleswig-Holstein.

P Der ZOB-Parkplatz unterhalb der Altstadt eignet sich bestenfalls für kleine Wohnmobile. Probiert es am Südhafen am westlichen Schleiufer vor der Brücke oder fahrt gleich auf den Womo-Stellplatz am Nordhafen (GPS 54.667836, 9.936955, 10 Gehminuten ins Zentrum). Alternativ der Aral-Autohof jenseits der Brücke (GPS 54.657207, 9.945920, 15 Min. zu Fuß in die Altstadt).

◉ Von der neuen Klappbrücke über die Schlei (GPS 54.659582, 9.935893) habt ihr einen tollen Blick auf Hafen und Altstadt, besonders im Abendlicht (Achtung! Die Brücke wird stündlich für die Passage von Schiffen geöffnet).

Insider-Tipp
Wo Romantiker „Ja!" sagen

Sucht ihr für den schönsten Tag im Leben vielleicht noch einen passenden Ort? Dann steigt hoch in die dritte Etage der Windmühle Amanda – dort wartet ein Trauzimmer der besonders romantischen Art.

Von Flensburg nach Preetz

5 km | Fahrt nun ein kurzes Stück auf der B 201 westwärts und dann beim Wegweiser links ab durch das verträumte Grödersby nach Arnis.

Arnis
Das Wohnmobil müsst ihr am Ortseingang parken, denn Deutschlands kleinste Stadt mit nur 350 Einwohnern (Stadtrecht seit 1934) dürft ihr nur zu Fuß betreten. Schlendert über die 600 m kurze lindengesäumte Hauptstraße mit kleinen historischen Häusern und werft einen Blick auf die schöne **Schifferkirche** von 1673. In mehreren Werften werden Boote gebaut, repariert und restauriert. Die Zeit scheint hier irgendwie langsamer zu vergehen.

P *Großer Parkplatz am Ortseingang.*

34 km | Über gewundene Straßen und Sträßchen entlang der blitzblauen Schlei geht es gemütlich weiter, durch Orte wie **Lindaunis** mit antiker Klappbrücke, das verschlafene Ulsnis und Brodersby nach Schleswig, der ehemaligen Hauptstadt des einstigen gleichnamigen Herzogtums. Den Schildern „Dom, Holm, Hafen" folgend, kommt ihr direkt zum Wohnmobil-Stellplatz am Stadthafen.

Spot **Schleswig**
Zwischen Barockgarten, Klöndören und wilden Wikingern ▶ **S. 34**

26 km | Über die B 76 geht es nun, vorbei am **Wikinger-Museum Haithabu** (s. S. 35), ostwärts. Wenn rechts der große Binnensee Windebyer Noor auftaucht, ist das nächste Etappenziel nicht mehr weit.

Eckernförde
Rund um die hölzerne Klappbrücke im alten Hafen ankern Yachten und Fischerboote, in der nahen Altstadt bummelt ihr über Kopfsteinpflaster zwischen historischen Häusern hindurch. Nicht nur bei Regen könnt ihr im **Museum Eckernförde** im Alten Rathaus Interessantes über die Geschichte der Hafenstadt erfahren, bei Sonnenschein habt ihr viel Platz zum Chillen am vier Kilometer langen Stadtstrand.

P *Von der B 76 zeigt ein Wegweiser zum gut ausgestatteten Wohnmobil-Stellplatz am Noor (GPS 54.464395, 9.833454) nach rechts und zum Kurzzeit-Parkplatz (max. 4 Std./4 €) nach links.*

🅐 Tourenverlauf

45 km | Ab Eckernförde folgt ihr wieder der B 76 gen Westen. Nach rund 7 km geht es links ab auf eine Nebenstrecke Richtung Kiel über Surendorf. Nach weiteren 18 km könnt ihr bei Dänischhagen einen Abstecher zum Badeort **Strande** mit kleinem Fischereihafen und netter Promenade (Parken auf dem großen Platz am Ortsende links) machen und im Imbiss Mehrfisch für ein leckeres Fischbrötchen vor Anker gehen. Danach sind es nur noch 15 km bis zur Landeshauptstadt Kiel.

Spot ③ | **Kiel**
Hier ankern die Dampfer direkt in der City ▶ S. 38

20 km | Von Kiel geht es nun auf der B 502 ein Stückchen nordwärts, bis nach rund 17 km die Route links nach Laboe führt. Am Kreisel vorm Ortseingang folgt ihr dem Wegweiser Richtung Ehrenmal.

Laboe
Der Badeort mit rund 5000 Einwohnern am nordöstlichen Ende der Kieler Förde hat eine nette Promenade vorm feinen Sandstrand, dazu einen Yacht- und Fischereihafen. Das 85 m hohe **Marine-Ehrenmal** am Strand ist nicht zu übersehen *(tgl. 10–16 Uhr, im Sommer auch länger| Eintritt 6,50 €, Jugendliche 4,50 €)*, daneben liegt wie ein gestrandeter Wal ein **U-Boot** aus dem Zweiten Weltkrieg *(Technisches Museum U-995, tgl. 10–16 Uhr, im Sommer auch länger | Eintritt 5 €, Jugendliche 4 €, inklusive Gänsehaut-Feeling)*.

 Großer Kurz- und Langzeitparkplatz für Wohnmobile am Ehrenmal (GPS 54.410495, 10.231733)

16 km | Fahrt nun über Stein und Wendtorf zurück zur B 502, folgt dieser nach links, vorbei an der dickbauchigen Windmühle Krokau und dann dem Wegweiser nach links Richtung Schönberger Strand.

Schönberger Strand
Strand, soweit das Auge reicht, und eine 260 m lange Seebrücke locken Sonnenanbeter, Sportbegeisterte und Erholungssuchende in den kleinen Badeort. Im **Museumsbahnhof** *(Eintritt frei | vvm-museumsbahn.de)* sind neben historischen Eisenbahnen mit Dampf- oder Dieselbetrieb auch alte Straßenbahnen zu bestaunen. Es gibt zeitweise noch Ausfahrten!

Von Flensburg nach Preetz

> **Insider-Tipp**
> **Top (nicht nur) für Kiter**

3 km westlich von Schönberger Strand liegt der Stellplatz Brasilien (GPS 54.422462, 10.395850) – ideal für ein paar Tage Kiten und Radfahren!

26 km Eure Route führt nun zurück zur B 502, kreuzt die Bundesstraße und erreicht den gemütlichen Ort Schönberg. Folgt hier den Wegweisern nach Preetz.

Ziel

Preetz

Mit dem 16 000-Einwohner-Städtchen habt ihr das Ziel dieser Tour erreicht. Preetz, das auch als Tor zur Holsteinischen Schweiz gilt, ist außerdem bekannt für seine lange Tradition Schusterhandwerks. Bummelt über den alten Marktplatz mit seinen vielen Einkaufsmöglichkeiten. Besonders sehenswert ist das Kloster *(Führungen im Sommerhalbjahr tgl. 15, Di/Mi u. Fr auch 11 Uhr | Eintritt 4 €, Kinder unter 12 J. frei | Tel. 04342 8 68 29 | klosterpreetz.de).*

P *Am besten auf dem Cathrinplatz (GPS 54.233635, 10.279322) nahe Bahnhof (max. 3 Std.).*

> **Insider-Tipp**
> **Rote Holzschuhe mit Pünktchen**

Im alten Familienbetrieb von Schuhmacher Lorenz Hamann (Wakendorfer Str. 17 | preetzer-holzschuhe.de) könnt ihr handgearbeitete Holzschuhe kaufen.

BRASILIEN LIEGT AN DER OSTSEE

Glaubt ihr nicht? Für den gleichnamigen Wohnmobilstellplatz nahe Schönberger Strand trifft es jedoch zu

Spot

Flensburg
Hier ploppt nicht nur das Bier mit dem Bügelverschluss

Das dänische Wort „Hygge" lässt sich am ehesten mit „Gemütlichkeit" übersetzen, wovon in Deutschlands nördlichster Großstadt (rund 89 000 Einwohner) ganz viel zu spüren ist. Gut 400 Jahre dänische Herrschaft haben ihre Spuren hinterlassen, im historischen Zentrum samt 2 km langer Einkaufsmeile wispert aus allen Ecken Geschichte. Berühmt ist die Hafenstadt auch für ihren Rum und für das Bier mit dem „Plopp" (Bügelverschluss) – und sie hat noch einiges mehr auf Lager.

P *Für Wohnmobile in der City schwierig. Praktisch ist z. B. der zentrumsnahe Parkplatz an den Kieler Anlagen (GPS 54.787334, 9.438550) oder der Parkplatz Exe (GPS 54.779187, 9.427864), zum Zentrum ca. 15 Minuten. Über Nacht etwa der Stellplatz am Industriehafen (s. S. 33).*

NICHT NUR HOCHPROZENTIGES

Im traditionsreichen Rumhaus Braasch dreht sich alles um Rum und andere edle Tropfen

Flensburg

AKTIVITÄTEN & SIGHTSEEING

1 Rumstöbern im Schifffahrtsmuseum

Im 18. Jh. brachten Segelschiffe Rohrzucker und Rum aus der Karibik nach Flensburg, wo der Stoff der Stadt zu Reichtum verhalf. Im Keller des Schifffahrtsmuseums nebst Museumswerft ist dem Ganzen eine Ausstellung gewidmet. Zu Flensburgs noch aktiven Rum-Destillen zählt das Rumhaus Johannsen (johannsen-rum.de), auch Station auf den beliebten **Rum-Führungen** des Museums. *Infos:* Schiffbrücke 39 | Di–So 10–17 Uhr | Eintritt Museum 6 €, Kinder und Jugendliche unter 18 Jahren Eintritt frei | schifffahrtsmuseum.flensburg.de

2 Die Quelle des Flensburger Pils erkunden

In der **Flensburger Brauerei** wird das süffige Bier in den markanten Bügelflaschen produziert. Für die dreistündige Besichtigung (festes Schuhwerk anziehen!) samt Snack und „Flens" bitte anmelden. *Infos:* Munketoft 12 | Mo–Fr 10, 14 und 18 Uhr, Mai–Sept. auch Sa | Plop-Shop Mo–Fr 13–18 Uhr |Führung 12–15 € | Tel. 0461 86 31 22 | flens.de

3 Zum Museumsberg Flensburg hochsteigen

Von wegen im Norden ist alles flach, dieser Anstieg will bezwungen werden. In einzelnen Gebäuden werden u. a. schleswig-holsteinische Kunst des 19.–21. Jh., originale Bauernstuben sowie eine historische Möbelsammlung gezeigt. *Infos:* Museumsberg 1 | Di–So 10–17, Mai–Sept. Do bis 20 Uhr | 6 € | museumsberg-flensburg.de

4 Einen Hafen- und Fördetörn machen

Von der Fördebrücke im Zentrum starten kleine Schiffe diverser Reedereien zu Rundfahrten durch Hafen und Umgebung. *Infos:* Nikolaistr. 8 | flensburger-foerde.de

Insider-Tipp
Abdampfen mit Alexandra
Geh auf Tour mit dem historischen Salondampfer „Alexandra" von 1908! Das ehemalige Linienschiff verkehrt im Sommer an den Wochenenden (dampfer-alexandra.de).

5 Staunen in der Phänomenta

Hier ist Anfassen erlaubt! An den fast 200 Stationen des **Experimentalmuseums** könnt ihr einen Fernseher per Fahrrad antreiben, im dunklen Tunnel Gegenstände ertasten und allerlei verblüffende Naturphänomene erkunden. Das Zwergenphänomenta bietet rund 20 altersgerechte Experimente für Kids. Da vergeht ein Regentag wie im Flug! *Infos:* Norderstr. 157–163 | Di–Fr 10–18 (Juni–Sept. auch Mo), Sa/So 12–18 Uhr | –11 € | phaenomenta-flensburg.de

Spot 1 · Flensburg

ESSEN & TRINKEN

6 Fisch essen bei Piet
Blaue Schrift auf weißer Hauswand, drinnen viele Relikte aus der Seefahrt. In **Piet Henningsens Restaurant** kommen tolle Fischgerichte auf den Tisch, von Schollenfilet-Roulade bis Loup de Mer. **Infos:** *Schiffbrücke 20 | tgl., Mo–Fr nur abends | Tel. 0461 2 45 76 | restaurant-piet-henningsen.de | €€*

7 Die Szene checken im Kritz
Schön urban chillen könnt ihr im **Kritz Café-Bistro-Bar** am historischen Nordermarkt. Zum Plätschern des Neptunbrunnens schmeckt ein üppiges Frühstück oder das günstige Tagesgericht, später wird die Musik lauter und das Kritz zur angesagten Bar. **Infos:** *Nordermarkt 3 | Mo–Sa ab 8, So ab 9 Uhr bis abends spät | Tel. 0461 2 17 00 | kritz.de | €–€€*

8 Schlemmen am Kai
In der **Sprotte** sitzt man erste Reihe Mitte direkt am Kai mit top Blick hinüber zur Altstadt. Schwerpunkt sind Fischgerichte, etwa Spezialitäten wie Friesische Bouillabaisse oder Stremellachs mit Apfelmarmelade, aber auch Fischbrötchen zum Mitnehmen. **Infos:** *Ballastkai 4 | Di–Sa 12–21, So bis 16 Uhr | Tel. 0461 1 82 82 30 | sprotte.eatbu.com | €€*
📷 Vom Kai vor dem Restaurant Sprotte (GPS 54.794096, 9.437466) habt ihr einen tollen Blick über Förde und Hafen auf die Altstadt – besonders romantisch zum Sonnenuntergang!

EINKAUFEN

9 Gutes aus dem Wein & Rumhaus Braasch
Flensburgs 2 km lange Fußgängermeile beginnt im Süden am Neumarkt und

> **GROSSE PÖTTE GUCKEN**
>
> Auf dem Stellplatz am Industriehafen habt ihr freien Blick auf die Flensburger Förde

Flensburg

geht hinauf bis zum Nordtor. Besonders besuchenswert ist hier das traditionsreiche **Wein & Rumhaus Braasch.** Hier dreht sich alles um Rum, von Hochprozentigem bis zur süßen Rumkugel. Neben dem schönen Laden gibt es ein kleines Rum-Museum. *Infos:* Rote Str. 26 | Mo–Fr 10–18.30, Sa bis 16 Uhr | Tel. 0461 14 16 00 | braasch.sh

STELL- & CAMPINGPLÄTZE

10 Einfach, aber mit Fördeblick

Dieser Stellplatz ist nicht gerade luxuriös, die Lage im industriellen Hafengebiet und unparzellierte Plätze am Rand eines Schotterwegs sind nicht jedermanns Sache. Dafür ist er gebührenfrei und man hat einen freien Blick auf die Förde. Maximal eine Nacht. Bis zum Stadtzentrum sind es rund 3 km.

Stellplatz im Industriehafen

Industriehafen | 24937 Flensburg
GPS: 54.8005171, 9.4394405

▶ **Größe:** *12 bis 15 Stellplätze*
▶ **Ausstattung:** *gebührenfrei*

11 Weiter weg, aber schön am Meer gelegen

Ein Gegenentwurf zum recht zentralen, aber einfachen Stellplatz im Industriehafen ist das **Ostseecamp Glücksburg-Holnis,** rund 20 Fahrminuten vom Zentrum entfernt auf der Halbinsel Holnis zwischen der Flensburger Innen- und Außenförde. Deutschlands nördlichster Campingplatz punktet nicht nur mit Blick aufs Meer und die dänische Nachbarküste sowie einem separaten Bereich für Wohnmobile. Zur familienfreundlichen Ausstattung gehören ein beheiztes Sanitärhaus, Babybad und Wickelraum, Wasch- und Trockencenter, Imbiss mit Strandterrasse, Fahrradverleih. Eigener Hundestrand. Das schöne Umland bietet Raum für sportliche und kulturelle Aktivitäten. Ende März–Mitte Okt. Taugt auch für länger!

Ostseecamp Glücksburg-Holnis

€€ | An der Promenade 1 | 24960 Glücksburg
GPS: 54.857288, 9.590891 | ostseecamp-holnis.de

▶ **Größe:** *6,5 ha, 100 Stellplätze, 100 Plätze für Dauercamper*

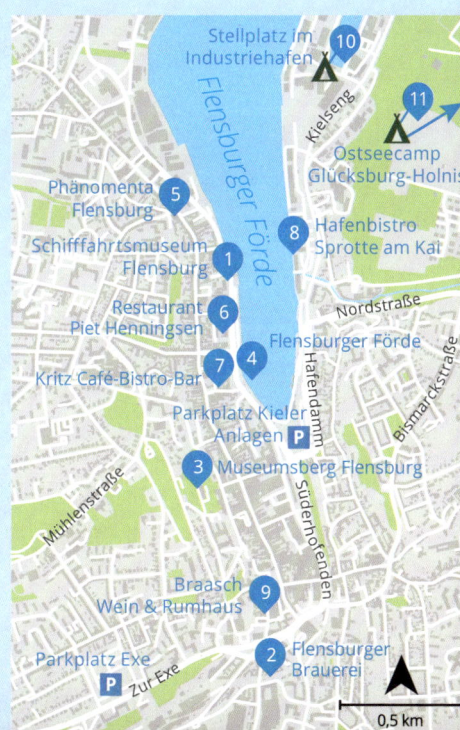

Spot 2

Schleswig
Zwischen Barockgarten, Klöndören und wilden Wikingern

Sehenswertes gibt es hier viel. Den opulenten Sankt-Petri-Dom im historischen Zentrum etwa mit seinem 112 m hohen Turm und dem berühmten Altar. Die Gassen der historischen Fischersiedlung Holm, die jede Menge (Seemanns-)Geschichten erzählen. Obwohl Schleswig (24 000 Ew.) als älteste Stadt Nordeuropas gilt, ist es kein bisschen altbacken, sondern ein Fall für Kulturfans und Genießer.

🅿 *Parkraum ist in der City schwer zu finden. Eine Möglichkeit stellt der Platz am Stadtfeld dar (außer samstags, dann ist dort Markt), ins Zentrum sind es ca. 10 Minuten zu Fuß (GPS 54d.522335, 9.563511). Kleinere Wohnmobile könnt ihr auch am Baumhofsgang (GPS 54.516668, 9.571533) parken. Über Nacht bietet sich der gute Stellplatz am Stadthafen an (s. S. 37).*

DEM HIMMEL SO NAH

Im Gottorfer Globus kommt ihr den Sternbildern zum Greifen nah

Schleswig

AKTIVITÄTEN & SIGHTSEEING

1 Geschichte schnuppern auf Schloss Gottorf

Die bescheidene Wasserburg aus dem 13. Jh. wurde im Lauf der Zeit zum opulenten, schneeweißen Schloss Gottorf ausgebaut, heute Sitz des Archäologischen Landesmuseums sowie des Museums für Kunst und Kulturgeschichte. Tolle Sammlungen! **Infos:** Schlossinsel 1 | April–Okt. Mo–Fr 10–17, Sa/So bis 18, Nov.–März Di–Fr 10–16, Sa/So bis 17 Uhr | 9 €, Kinder/Jugendliche 3 € | schloss-gottorf.de **Parkplätze:** Auf dem Schotterplatz direkt vor dem Schloss.

Insider-Tipp
Eine Runde im Globus drehen
In Gottorfs Barockgarten (Eintritt frei) könnt ihr im Inneren eines drehbaren XL-Globus die Sternenwelt bestaunen (gottorfer-globus.de).

2 Durchs alte Fischerviertel spazieren

Schleswigs alte **Fischersiedlung Holm** an der Süderholmstraße ist ein zauberhafter Mikrokosmos mit kreisrundem Friedhof samt Kapelle in seiner Mitte. Einige der rosenumrankten Puppenstubenhäuschen haben „Klöndören", geteilte Türen zum Schwätzchen halten bei geöffneter oberer Hälfte.

3 Die Wikinger in Haithabu besuchen

Vor rund 1000 Jahren gründeten die Wikinger in Haithabu ihr Handelszentrum – heute könnt ihr dort ein Museum besichtigen, originalgetreu nachgebaute Häuser bestaunen und über einen halbkreisförmigen Verteidigungswall wandern. **Anfahrt:** 6,5 km über die B 76 **Infos:** Am Haddebyer Noor 3 | Busdorf | April–Okt. tgl. 9–18 Uhr | Eintritt 8 €, Kinder und Jugendliche 3 € | haithabu.de **Parkplätze:** vorm Haupteingang, von hier zu den rekonstruierten Häusern 20 Min. Fußweg

4 Am Stadthafen flanieren

Schleswigs Stadthafen ist nicht nur ein guter Platz für Yachten und Wohnmobile, sondern auch top zum Flanieren entlang der Kaimauer. Hier starten auch Hafenrundfahrten. **Infos:** Am Hafen 5

Insider-Tipp
Cool für'n Cocktail
Bei Eis und Cocktail sitzt man im Eiscafé Kaphörnchen super angenehm direkt am Wasser (tgl. 10–22 Uhr | Am Hafen 9).

5 Nach den Teddys im Stadtmuseum schauen

Die Sammlungen im schönen Gründerothschen Hof von 1634 umfassen u. a. Schleswiger Fayencen und eine historische Druckerei. Zum Museum zählt auch das **Teddy Bär Haus**, eine Ausstellung alter Stofftiere – echt niedlich! **Infos:** Friedrichstr. 9–11 | Di–So 10–17 Uhr | 5 €, ermäßigt 2,50 € | stadtmuseum-schleswig.de

Spot 2 · Schleswig

ESSEN & TRINKEN

6 Sansibar Cafè schlürfen

Lecker essen und später Boot fahren? Direkt am Stadthafen liegt das luftige **Hafencafé** mit Außenterrasse. Kleine Bistrokarte von Hafen-Burger bis Wiener Schnitzel, Tee- und Kaffeespezialitäten der Sylter Strandbar Sansibar. Angeschlossener Bootsverleih. **Infos:** *Am Hafen 11 | tgl. 8–20 Uhr | Tel. 04621 5 30 19 40 | hafencafe-schleswig.de | €*

7 Traditionelles essen

Osterbrunch, Martinsgansessen, Spargelbuffet – im Gasthaus **Stampfmühle** geht es traditionell zu. 15 Minuten zu Fuß zum Schloss Gottorf, zum Barockgarten noch dichter. **Infos:** *Stampfmühle 1 | Mi–Sa 14–22, So 9–18 Uhr | Tel. 04621 3 06 27 41 | stampfmühle.de | €€* **Parkplätze:** *eigener kleiner Platz vorm Haus*

8 Weitblick genießen im Restaurant Marienbad

Vom Aperitif über Brunches, Barbeques und Buffets bis hin zum Mehr-Gänge-Menü seid ihr hier kulinarisch in guten Händen. Man sitzt sommers draußen am kleinen Stadtstrand mit Blick auf Schleswig – einfach schön! Manchmal geschlossene Gesellschaften, daher unbedingt vorher anrufen! **Infos:** *Strandweg 1a | Busdorf | Di–Sa 12–22 (im Winter bis 20), So 10–20 Uhr | Tel. 04621 30 50 33 | strandcafe-marienbad.de | €€*

EINKAUFEN

9 Bummeln über Märkte und Shoppingmeile

Vom Kornmarkt über den Stadtweg bis zum Lollfuß führt Schleswigs Einkaufsmeile mit vielen kleinen, teils inhabergeführten Läden, Cafés und Bäckereien.

DAS HAFENCAFÉ VOR DER WOMO-TÜR

Vom maritimen Stellplatz am Stadthafen ist es nur ein Katzensprung ins Zentrum von Schleswig

Dienstags und freitags könnt ihr zudem auf dem Wochenmarkt am Capitolplatz frischen Proviant für die Bordküche kaufen, Samstag vormittags gibt es Produkte aus der Region auf dem Markt am Stadtfeld. *Infos:* Ilensee 4

STELL- & CAMPINGPLÄTZE

10 Prima Ausstattung, maritim und zentral gelegen

Vorm Fenster des Wohnmobils schubbern Segelboote am Pier, Möwen kreischen, Leinen schlagen an Masten. Maritimer könnt ihr kaum wohnen. Der Stadthafen von Schleswig ist zugleich Stellplatz mit Top-Lage und Flair, außerdem habt ihr hier (fast) alles bequem in Laufweite. Die Verpflegung durch Cafés und Gaststätten am Kai ringsum ist 1a, und abends werdet ihr vom Ostseewind in den Schlaf geschaukelt. In 5 Minuten ist man zu Fuß im Zentrum.

Stellplatz am Stadthafen 🐾

€ | Am Hafen 5 | 24837 Schleswig
Tel. 04621 80 14 50 | womoplatz-schleswig.de
GPS: 54.511590000000, 9.5697899

▶ *Größe: 45 Stellplätze*
▶ *Ausstattung: komplette Ausstattung inkl. WLAN, ganzjährig nutzbar, im Sommer oft voll*

11 Übernachten auf historischem Boden

Vorm Abendessen könnt ihr noch ein kühles Bad in der Schlei nehmen, auf der Liegewiese relaxen und anschließend ein gutes Stück Fleisch oder Fisch grillen, wie einst die Wikinger im benachbarten Haithabu (heute Wikinger-Museum und Unesco-Welterbe) – ein naturnaher und geschichtsträchtiger Stopp auf der Tour. Die Entfernung zum Zentrum beträgt ungefähr 6 km.

Wikinger Campingplatz Haithabu 🐾☀

€ | Haddebyer Chaussee 15 | 24866 Busdorf
Tel. 04621 3 24 50 | campingplatz-haithabu.de
GPS: 54.500996699999, 9.5705491

▶ *Größe: etwa 140 Stellplätze*
▶ *Ausstattung: Waschräume mit Warmwasserduschen und Einzelwaschkabine, Küche, Waschmaschine und Trockner*

Spot 3

Kiel
Hier ankern die Dampfer direkt in der City

Langsam löst sich das turmhohe Schiff vom Schwedenkai, schiebt sich durchs Hafenbecken und gleitet die Kieler Förde hinab Richtung offene Ostsee, mit Ziel Skandinavien oder Baltikum. Dabei überragt die gut 200 m lange Fähre einen Großteil der Kieler Skyline. Was keineswegs bedeutet, dass sich Schleswig-Holsteins Landeshauptstadt (246 000 Ew.) klein machen müsste.

🅿 *Im Zentrum schwierig. Der Parkplatz Kai-City (GPS 54.312965, 10.137364) hat nur noch Platz für kleine Campingbusse. Der Platz Ostseekai Süd (GPS 54.324290, 10.144758) taugt für alle, bei starkem Schiffsverkehr sind aber zeitweise Bereiche gesperrt. Wenn keine Veranstaltungen stattfinden, geht auch der Wilhelmplatz (GPS 54.323796, 10.121188, bis 3,5 t).*

HIGHTECH GRÜSST OLDTIMER

Unbeeindruckt von turmhohen Fährschiffen gehen im Germaniahafen noch immer traditionelle Segler und historische Küstenschiffe vor Anker

Kiel

AKTIVITÄTEN & SIGHTSEEING

❶ Durch die Innenstadt bummeln

Kiel ist nicht nur Standort von Marine, Universität und Werften, auch das Zentrum hat viel zu bieten: Das **Alte Rathau**s etwa mit 106 m hohem Uhrturm *(geführte Touren bei Tourist-Info, Andreas-Gayk-Str. 31B | Tel. 0431 67 91 00 | kiel-sailing-city.de)* oder das **Stadt- und Schifffahrtsmuseum** mit fünf Ausstellungsorten, u. a. in der denkmalgeschützten ehemaligen Fischhalle *(Di–So 10–18, Do bis 20 Uhr | Eintritt frei | kiel.de)*.

Insider-Tipp
Oldies bewundern
Im Germania-Hafen, am östlichen Ende der Hörnbrücke, schaukeln schönste Oldtimer-Schiffe am Kai.

❷ Frischluft tanken bei einer Fördefahrt

Von der Bahnhofsbrücke aus fahren Linienschiffe *(sfk-kiel.de)* mehrmals täglich an den Fährterminals vorbei die Förde hinunter und ankern u. a. im Badeort Laboe und (im Sommer) auch in Schilksee, Brennpunkt der alljährlichen Mega-Regatta Kieler Woche. *Infos: Kaistr. 51*

❸ Schiffe gucken am Nord-Ostsee-Kanal

Wenn sich dicke Pötte in die enge Schleuse zwängen, hält man unwillkürlich den Atem an – das ist Millimeterarbeit. Nördlich der Innenstadt liegt die Einfahrt zum Nord-Ostsee-Kanal, der meistbefahrenen künstlichen Wasserstraße der Welt. Gut zu beobachten z. B. von der **Aussichtsplattform** im Stadtteil Wik. *Infos: Maklerstr. | tgl. 10–18 Uhr | Eintritt 1 €*

❹ Das Freilichtmuseum Molfsee besuchen

Hier wird getöpfert, geschmiedet, geflochten: Etwa 8 km südwestlich vom Stadtzentrum lebt altes Handwerk in 60 historischen Bauernhäusern, Werkstätten, Katen und Mühlen aus dem 16. bis 20. Jh. wieder auf. Viele Tiere, Museumsbahn, Events und Workshops. *Infos: Hamburger Landstr. 97 | Molfsee | April–Okt. tgl. 9–18, Nov.–März nur So/Fei 11–16 Uhr | 8 €, Kinder und Jugendliche 3 € | schloss-gottorf.de/molfsee* **Parkplätze:** *vor dem Haupteingang*

❺ Große Werke bewundern

Schwerpunkte in der **Kunsthalle**, Kiels größtem Museum, sind internationale und skandinavische Kunst des 19. und 20. Jhs., daneben auch Zeitgenössisches. Die Antikensammlung im Erdgeschoss bietet originalgetreue Kopien berühmter Skulpturen des Altertums, zudem gibt es eine umfangreiche grafische Sammlung. Bei norddeutschem Schietwetter könnt ihr hier Stunden verbringen. *Infos: Düsternbrooker Weg 1 | Di–So 10–18, Mi bis 20 Uhr | Eintritt 7 € | kunsthalle-kiel.de*

Spot 3 · Kiel

ESSEN & TRINKEN

6 Gutes Bier in der Kieler Brauerei

Seit über 25 Jahren wird in diesem dunkel-rustikal eingerichteten Brau-Restaurant am Alten Markt süffiges Bier produziert. Dazu gibt's deftige Klassiker, von Labskaus bis Schnitzel Bierkutscher-art. *Infos: Alter Markt 9 | tgl. ab 10 Uhr | Tel. 0431 90 62 90 | kieler-brauerei.de | €–€€*

7 Relaxen im Strandkorb mit Fördeblick

Vom Carpe-Diem-Frühstück über Matjes Sondefjord und veganes Curry bis zum süffigen Cocktail am Abend: Im **Louf** seid ihr gut aufgehoben. Gerne im Strandkorb oder Liegestuhl an der Promenade Kiellinie mit Fördeblick. *Infos: Reventlouallee 2 | tgl. Mo–Sa ab 10 (Nov.–März ab 11.30), So ab 9 Uhr | Tel. 0431 55 11 78 | louf.de | €–€€*

8 Wow-Ausblick im Längengrad

In diesem Lokal auf Deck 4 im Abfertigungsgebäude der Stena Line kommt ihr vor Staunen über den Fähren-Trubel womöglich gar nicht zum Essen. Was schade wäre, die Gerichte sind top, genauso die Drinks auf der Terrasse. *Infos: Schwedenkai 1 | Mo–Fr mittags und abends, Sa nur abends, So geschl. | Tel. 0431 99 04 87 77 | laengengrad-kiel.de | €€–€€€*

EINKAUFEN

9 Kaufrausch im Sophienhof

In der gläsernen, zweistöcken Mega-Shoppingmall nahe Kiels Hauptbahnhof residieren rund 120 Geschäfte auf

SELBSTGEBRAUTES

Im Restaurant der Kieler Brauerei könnt ihr vom Tisch direkt auf die Braukessel schauen

Kiel

insgesamt überdachten 70 000 m². Im Anschluss führt die Einkaufsmeile Holstenstraße bis zum Alten Markt. *Infos: Sophienhof | Sophienblatt 20 | Mo–Sa 10–20 Uhr | sophienhof.de*

STELL- & CAMPINGPLÄTZE

10 Den Nord-Ostsee-Kanal direkt vor der Nase

Im etwas ruppigen Industrie- und Hafengebiet im Norden Kiels liegt dieser Stellplatz direkt neben der Einfahrt zum Nord-Ostsee-Kanal – hier steht ihr erste Reihe Mitte beim Bewundern des Schleusenverkehrs. Duschen, Brötchenservice, Kiosk/Restaurant, Gasflaschenservice. Hunde erlaubt. Wem das Schauspiel des Schleusenverkehrs nicht reicht, kann auf Zeitreise gehen: Zum Platz gehört ein kleines, liebevolles **50er-Jahre-Museum** mit Original-Exponaten aus der Zeit des Wirtschaftswunders (*50er-jahre-museum-kiel.de*). Ganzjährig, zum Zentrum sind es etwa 6 km, ÖPNV-Anschluss in der Nähe.

Stellplatz Förde- und Kanalblick 🐾

€ | Mecklenburger Straße 58 | 24106 Kiel Wik |
Tel. 0431 38 90 85 1 | wohnmobil-stellplatz-kiel.de
GPS: 54.36411, 10.14677

▸ *Größe: 48 Stellplätze*

11 Im Grünen am Ufer der Förde

Dieser einfache Platz versteckt sich nördlich der Innenstadt in einem dicht bewaldeten Landschaftsschutzgebiet an der Kieler Förde nahe beim Olympia-Segelhafen Schilksee. Neues Sanitärgebäude, freies WLAN, Grill- und Feuerstelle. Gaststätte mit Terrasse und Blick auf die Förde. Etwa 13 km vom Stadtzentrum entfernt, ÖPNV-Anschluss in der Nähe.

Campingplatz Kiel-Falckenstein 🐾

€€ | Palisadenweg 171 | 24159 Kiel |
Tel. 0431 39 20 78 | campingkiel.de
GPS: 54.412032, 10.1834488

▸ *Größe: 4,8 ha, etwa 150 Stellplätze*

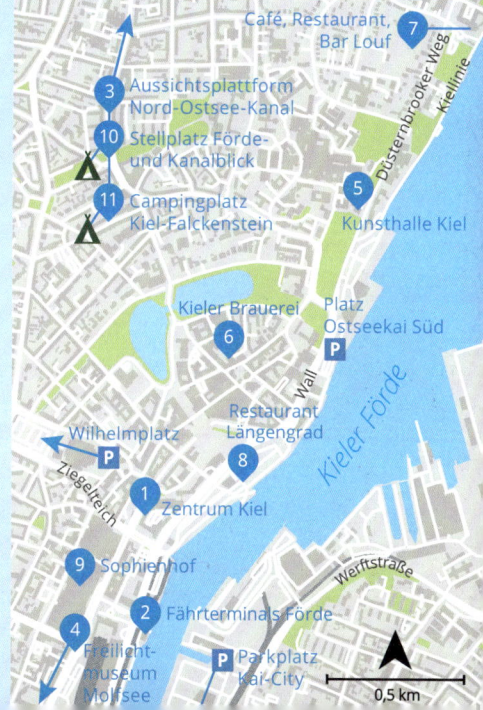

TOR ZU FEHMARN

Die Fehmarnsundbrücke spannt den Bogen vom schleswig-holsteinischen Festland zu Deutschlands sonnigster Insel

Tour B

Wo die Schweiz nah am Meer liegt
Von Preetz nach Travemünde

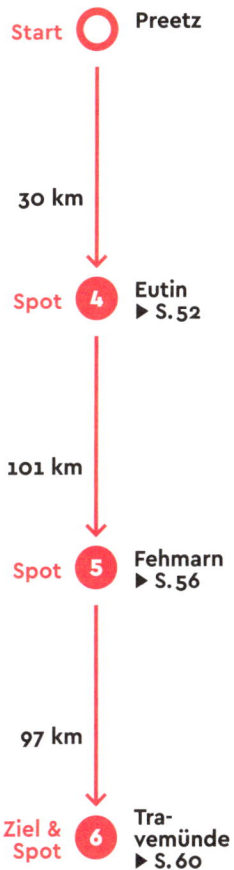

Start — Preetz

30 km

Spot 4 — Eutin ▶ S. 52

101 km

Spot 5 — Fehmarn ▶ S. 56

97 km

Ziel & Spot 6 — Travemünde ▶ S. 60

Kultur! Landschaft! Genuss! All das findet sich in der Holsteinischen Schweiz im Übermaß. Die Region zwischen Preetz im Westen, Eutin im Osten und der Hohwachter Bucht im Norden zählt nicht umsonst zu den Lieblingsgegenden für Urlauber in Schleswig-Holstein. Wer dann genug hat von gut 150 Seen und lieblichem Hügelland, der fährt weiter nach Fehmarn, auf Deutschlands sonnigste Insel. Und von dort südwärts immer am Wasser entlang, zur Linken die glitzernden Fluten der Lübecker Bucht.

Strecke 228 km

Reine Fahrzeit 4 Std. 20 Min.

Streckenprofil Gut ausgebaute, speziell im Raum Panker und auf Fehmarn oft schmale Straßen, wenig Steigungen und Gefälle, oft Seitenwind auf der Fehmarnsundbrücke

Empfohlene Dauer 6–7 Tage

Anschlusstouren A C

FACTS

Tour B im Überblick

B Tourenverlauf

Start **Preetz** ▶ S. 29
15 km

Von Preetz geht es auf der B 76 in einer guten Viertelstunde nach Plön.

Plön

Elf blitzsaubere Seen ringsum, ein strahlend weißes Schloss oben drüber und ein gemütliches, verwinkeltes Zentrum mit kleiner Fußgängerzone: Die 9000-Einwohner-Stadt Plön lohnt mehr als nur einen flüchtigen Besuch. Eine Besonderheit der historischen Altstadt sind neben dem **Rathaus** von 1816 und der **Nikolaikirche** am Marktplatz die sogenannten **Twieten,** schmale Gässchen in Richtung des nahen Seeufers – sie wurden einst als Löschwege angelegt, da die Brandgefahr in den engen Straßen hoch war. Schön ist eine Rundfahrt über die Plöner Seen *(grosseploenersee-rundfahrt.de).* Absolutes Highlight vor Ort aber ist das Schloss.

Plöner Schloss

Der Weg hinauf ist steil, von oben aber hat man einen tollen Blick über den Großen Plöner See. Das mächtige, weiß leuchtende Anwesen von 1633 erhielt seine Farbe im 18. Jh. unter dem dänischen König Christian VIII., dem es als Sommerresidenz diente. Heute gehört es der Fielmann-Akademie. Ein schöner, zwei Kilometer langer Spazierweg führt bis auf die schmale Prinzeninsel.

Schlossgebiet 91 | Plön | Tel. 04522 8010 | Das Schloss ist kostenfrei nach telefonischer Anmeldung zu besichtigen (Mi 19–21, Do, Sa/So 16.30–18.30 Uhr).

P *Etwa am Womo-Stop unterhalb des Schlossgartens am Kleinen Plöner See. Etwas weiter der schöne Stell- und Campingplatz Spitzenort (spitzenort.de).*

Insider-Tipp

Von Matjes bis Caipirinha

Klein, aber oho: Das einstige Pförtnerhaus am Schloss (pfoertnerhaus-schloss-ploen.de) ist tagsüber ein gutes Restaurant und abends eine coole Bar.

15 km

Plön lasst ihr nun hinter euch und fahrt auf der B 76 ostwärts. Nach rund 12 km folgt dann der erste von mehreren Abzweigen in Richtung Eutin.

Von Preetz nach Travemünde B

Spot

Eutin
Die Stadt, in der die Rosen blühen ▶ S. 52

9 km | Von Eutin führt die Route nah am Südufer des Kellersees entlang, bis nach knapp zehn Kilometern Bad Malente-Gremsmühlen erreicht ist.

Bad Malente-Gremsmühlen
Wo die Gesundheit wohnt: Dieser Ort (10 000 Ew.) zwischen Diek- und Kellersee ist eins der beliebtesten Kneipp-Heilbäder der Holsteinischen Schweiz. Der **Kurpark** mit Wasserspielen, das **Immenhof-Filmmuseum** *(immenhofmuseum.de)* und die **Dieksee-Promenade** sind den Stopp wert. Spaß macht eine **Fünf-Seen-Bootstour** *(5-seenfahrt.de)*, es gibt auch Schiffsfahrten über den Kellersee.

🅿 *Nahe der Dieksee-Promenade liegt etwa der Parkplatz Krützen (GPS 54.172030, 10.549231).*

23 km | Auf schmalen Alleesträßchen geht es via B 430 Richtung Lütjenburg und dann auf der L 165 nordwärts bis zum Wegweiser nach Panker.

Gut Panker
Hier ist es, als wäre die Zeit stehengeblieben. Schneeweiße Gebäude mit Reet- oder rotem Schindeldach und ein schlossähnliches Herren-

ZWISCHEN SCHLOSS UND SEE

Im ehemaligen Pförtnerhaus von Schloss Plön gibt's regionale Küche und exotische Cocktails

🅑 Tourenverlauf

haus blitzen zwischen grünen Wiesen und Bäumen hindurch, edle Trakehner-Pferde stehen auf saftigen Weiden. Der Gutshof ist eine Art Dorfgemeinschaft mit Kunsthandwerkern, Galerien und Gaststätten *(gutpanker.de)*. Ein Stück heile Welt. Über der Region wacht ein **Aussichtsturm** auf dem 128 m hohen Berg Hessenstein. Essen nach Gutsherren Art gibt's im **Gasthaus Ole Liese** *(ole-liese.de)*, wo du gediegen tafeln kannst.

14 km | Von Gut Panker geht es wieder zurück auf die L 165 und Richtung Norden, nach kurzer Zeit dann rechts ab auf ein schmales Sträßchen, das sich über Behrensdorf bis nach Hohwacht windet.

Hohwacht
Rosen am weißen Sand: In diesem kleinen Badeort mit knapp 1000 Einwohnern ist der 4 km lange Strand ganz hell, dahinter Dünen und Heckenrosen, es gibt viele verwunschene Reetdachkaten sowie zwei Naturschutzgebiete ringsum.

🅟 *Wer dem Schild „Womo/Strand" folgt, landet auf dem einfachen Stellplatz nah beim Kurstrand (GPS 54.319089, 10.676055).*

33 km | Am Sehlendorfer Binnengewässer vorbei geht es zur B 202, dort links Richtung Oldenburg. Kurz vor Oldenburg fahrt ihr auf die A 1 Richtung Fehmarn und folgt ihr einige Minuten bis zur Abfahrt Heiligenhafen-Mitte.

Heiligenhafen
Hier ist ordentlich was los: Die umfangreichste **Hochseeangelflotte** Europas mit 1000 Liegeplätzen, ein moderner **Ferienpark,** die coole zickzackförmige Seebrücke samt Meereslounge, und all das steht im Kontrast zum gemütlichen historischen Zentrum und Stadthafen. Vorgelagert ist dem Ort der schmale Nehrungsarm **Graswarder,** ein Seevogel-Schutzgebiet mit Badestrand, idyllischen Häuschen, Aussichtsturm und Naturschutzhaus *(graswarder.de)*.

🅟 *Relativ stadtnah liegt der große Park- und Stellplatz am Ostseeferienpark (GPS 54.378145, 10.954234).*

22 km | Zurück geht es nun zur A 1 und dann Richtung Norden, bis die Autobahn zur Bundesstraße 207 wird und über die 963 m lange und bis zu 22 m hohe **Fehmarnsundbrücke** (Wohnmobil-Lenkrad gut festhalten, oft Seitenwind!) nach Fehmarn führt.

Von Preetz nach Travemünde

Spot **Fehmarn**
Willkommen auf der Sonnenseite des Lebens! ▶ S. 56

42 km | Von Fehmarn fahrt ihr auf der B 207 retour über die große Brücke – kurz danach biegt die Route links ab auf die B 501 gen Süden. Via Heringsdorf und Grube ist nach 42 km Cismar erreicht.

Cismar
Berühmter als der zugehörige Ort mit seinen Kunsthandwerkstätten und Galerien ist das ehemalige **Benediktinerkloster** am Rand eines alten Parks. Die große mittelalterliche Kirche mit opulentem Flügelaltar ist zeitweise zu besichtigen *(kloster-cismar.de)*.

6 km | Folgt dem Wegweiser „Großparkplatz Zentral/Strand" bis Grömitz.

Grömitz
Superlative, wie wir sie lieben: Als einer der ältesten Badeorte an der Lübecker Bucht hat Grömitz die längste **Seebrücke** Schleswig-Holsteins (398 m), einen der längsten Strände der Region (8 km) und dazu noch eine der schönsten und breitesten Kurpromenaden.

🅿 *Der gut ausgeschilderte Zentralparkplatz bietet Womo-Plätze auch über Nacht (GPS 54.144233, 10.9524868).*

Insider-Tipp
Sightseeing unter Wasser

Witzig: Mit der Tauchgondel am Ende der Seebrücke könnt ihr die Unterwasserwelt erkunden, ohne einen Millimeter nass zu werden (tauchgondel.de).

19 km | Von Grömitz geht es auf der B 501 weiter nach Westen, bis nach wenigen Minuten in Bliesdorf der Abzweig zum **Camping & Ostseeferienpark Walkyrien** führt – dessen Spa bietet eine Sauna und tolle Massagen *(camping-walkyrien.de, GPS 54.119547, 10.921268)*, auch für Nicht-Walkyrien-Gäste. Anschließend fahrt ihr nach links auf einer schmalen Landstraße durch die kleine Ortschaft **Rettin** in Richtung Neustadt.

Neustadt in Holstein
Im Hafen von Neustadt in Holstein ist immer was los. Von Bord eines alten Kutters werden Fischbrötchen verkauft, Frachter werden be-

B Tourenverlauf

und entladen, Yachten dümpeln am Kai. Das große Restaurant **Klüvers Brauhaus** *(kluevers.com)* serviert deftige Speisen und hauseigenen Gerstensaft. Anschließend macht man am besten einen Verdauungsspaziergang durch die schöne Altstadt mit **Zeittor-Museum** *(zeittor-neustadt.de)* im historischen Kremper Tor.

P Zentral liegt der einfache Stellplatz am Binnenwasser (GPS 54.110846, 10.815091). Schön ist der Wohnmobil-Stellplatz Ostsee im Vorort Pelzerhaken (GPS 54.088990, 10.872314) samt Surfschule.

Dienstag- und Freitagvormittag findet vorm Rathaus der bunteste Wochenmarkt der Region statt.

5 km | Am westlichen Ortsausgang von Neustadt geht es am Kreisverkehr der Ausschilderung nach in Richtung Hansa-Park.

Hansa-Park

In diesem riesigen Freizeitpark mit tollen Achterbahnen, Live-Shows und dem 120 m hohem Freifallturm können große und kleine Kinder ganze Tage verbringen!

i *Am Fahrenkrog 1 | Sierksdorf | Anfang April–Mitte Okt. tgl., Kernzeit 10–18 Uhr | 39 €, Kinder 29,50 € | hansapark.de*

P *Großer Platz direkt vorm Haupteingang, auch über Nacht (GPS 54.074973, 10.774802).*

9 km | Nach knapp 1 km weiter südwärts geht's am Wegweiser links ab nach Sierksdorf. Über eine schöne Uferstraße (teils Tempo 30) wird via Haffkrug in 20 Minuten Scharbeutz erreicht.

Scharbeutz

Das moderne Seebad hat einen weißen Strand, die lange Seebrücke und eine breite Promenade voller Shops und Restaurants. In der **Ostsee-Therme** *(ostsee-therme.de)* könnt ihr prima entspannen. Anschließend bietet sich eine Stärkung in einem der reetgedeckten Restaurants auf der „Dünenmeile" an.

P *Auf dem Großparkplatz an der B 76 (GPS 54.030738, 10.752214), über Nacht etwa auf dem hervorragend ausgestatteten Wohnmobil-Stellplatz Womo-Hafen Scharbeutzer Strand (womohafen-scharbeutzer-strand.de) vis-à-vis.*

Von Preetz nach Travemünde **B**

6 km | Über die B 76 ist es ein Katzensprung nach Timmendorfer Strand.

Timmendorfer Strand

Sehen und gesehen werden: Im mondänsten Seebad an der Lübecker Bucht entspannt man nicht nur am langen Strand mit toller **Seebrücke**, sondern auch gerne in angesagten Locations wie das Café Wichtig. Bei Regen geht's ins Mega-Aquarium **Sea-Life** *(sealife.de)*. Besonders schön: Der Ortsteil **Niendorf** samt fjordartigem Hafen mit Fischkuttern und Restaurants. Von Niendorf aus startet außerdem das weiße Seebäderschiff „Hanseat II" im Sommer regelmäßig zu **Rundfahrten**, von Grömitz bis Boltenhagen *(ostsee-rundfahrten.de)*.

P *Auf dem Parkplatz Zentrum (GPS 53.994036, 10.780315) oder am Vogelpark im Ortsteil Niendorf am Hafen samt Womo-Stellplatz (GPS 53.991232, 10.814255).*

📷 *Im Hafen von Niendorf gibt es einen super Blick über die Lübecker Bucht, besonders bei Sonnenuntergang – am besten von der Spitze der Hafeneinfahrt beim Alten Zollhaus (GPS 53.993609, 10.811453).*

10 km | Über die B 76/B 75 geht es nach Travemünde.

Ziel & Spot **6**

Travemünde
Ein Badeort wie aus dem Bilderbuch ▶ **S. 60**

SEHEN UND GESEHEN WERDEN

... gilt im Seebad Timmendorfer Strand nicht nur auf der langen Seebrücke

Spot ❹

Eutin
Die Stadt, in der die Rosen blühen

Weimar des Nordens, Rosenstadt, kulturelles Herz der Holsteinischen Schweiz: Eutin mit seinen 17 000 Einwohnern kann über einen Mangel an schönen Beinamen nicht klagen. Wer gemütlich durch die Kopfsteinpflastergassen der Altstadt schlendert, wird die Bezeichnung Rosenstadt schnell verstehen, ranken die schönen Pflanzen doch an vielen historischen Bauten empor. Und dann das barocke Schloss, der große Marktplatz, die Seen – ein Urlaubsort wie aus dem Bilderbuch.

🅿 *Zentral etwa am Berliner Platz (GPS 54.133794, 10.615692) oder am Bahnhof (GPS 54.135189, 10.609517), sonst auf dem schönen Stellplatz Reisemobilpark Eutiner See (s. S. 55).*

DUFTENDE FASSADEN

Eutin wird seinem Ruf als Stadt der Rosen auch im Innenhof des Schlosses gerecht

Eutin **B**

AKTIVITÄTEN & SIGHTSEEING

❶ Mediterrane Atmosphäre im Schloss Eutin erleben

Über eine Brücke gelangt man in den beinah mediterran anmutenden Innenhof. Ihre barocke Form erhielt die Anlage 1840, die prächtigen Räume sind zu besichtigen. Der Eintritt in den Schlosspark im Stil englischer Landschaftsgärten ist frei. *Infos: Schlossplatz 5 | im Sommer tgl. 10–18, Frühjahr und Herbst Di–So 11–17, im Winter zeitweise 12–17 Uhr | Eintritt 8 €, Jugendliche 2 € | schloss-eutin.de* **Parkplätze:** *Hinter dem Schloss*

Insider-Tipp
Mit der „MS Freischütz" über den See
Im Sommer starten vom Anleger 5 (5 Min. Fußweg vom Schloss) einstündige Rundfahrten auf dem Großen Eutiner See (5 x tgl., eutiner-seerundfahrt.de).

❷ Durch die Altstadt bummeln

Hier trefft ihr überall auf Spuren der langen Stadtgeschichte, etwa in der imposanten **St.-Michaelis-Kirche** aus dem 13. Jh. oder auf dem **Marktplatz** mit Witwenpalais und Rathaus von 1791. Es ist aber auch ordentlich was los, z. B. beim Blues Baltica Fest (im Mai), Rosenstadt-Triathlon (im Juni) oder der German Blues Challenge (im September). Im Sommer geht samstags beim Dixieland Open Air Livemusik vom Feinsten über die Bühne – ab 11 Uhr beim **Wochenmarkt-Jazz.**

❸ Den Wasserturm besteigen

Der 39 m hohe Turm (Bj. 1909) ist ein veritables Industriedenkmal. Wer die 156 Stufen bezwungen hat, wird mit einem tollen Blick über Altstadt und Seen belohnt – passendes Wetter vorausgesetzt. *Infos: Ecke Wilhelmstr./Bismarckstr. | Mitte Mai–Mitte Sept. Di–So 11–16 Uhr | Eintritt 2 € | stadtwerke-eutin.de*

❹ Zur Bräutigams-Eiche spazieren

In Sichtweite zu einem holprigen Waldweg, ein paar Autominuten westlich von Eutin nah der B 76 (ausgeschildert), findet ihr den wohl einzigen Baum der Welt mit eigener Postadresse. Seit Urzeiten nutzen Liebende ein Astloch der 500-jährigen Eiche als (heimlichen) Briefkasten – folgerichtig liefert die Post

❺ Das Ostholstein-Museum besuchen

In diesem schneeweißen Museum (ehemaliger Marstall des Schlosses) könnt ihr gut eine Schietwetter-Pause einlegen. Es dokumentiert das blühende Eutin Ende des 18. Jhs. in Sachen Kunstgewerbe und Malerei sowie Leben und Werk des Komponisten Carl Maria von Weber, dem berühmtesten Sohn der Stadt. Wechselausstellungen zu Zeitgenössischer Kunst. *Infos: Schlossplatz 1 | 1. April–30. Sept. Di–So 11–17, 1. Okt.–31. März Di–Fr 15–17, Sa/So ab 11 Uhr, Feb. geschl. | Eintritt 6 €, Jugendliche 3 € | oh-museum.de*

Spot 4 · Eutin

seit 1927 Briefe aus aller Welt direkt hierher aus. Schöner kleiner Ausflug ins Grüne! ***Infos:*** *Dodauer Forst* **Parkplätze:** *Am Waldweg davor (GPS 54.136430, 10.556653).*

ESSEN & TRINKEN

6 Kneipenfeeling in der Alten Mühle

Holper, holper: Die Zufahrt erfolgt über einen schmalen Schotterweg, an dessen Ende die alte Mühle von 1849 steht (im Volksmund liebevoll „Moder Grau" genannt). Auf der Karte gibt's Klassisches wie Sauerfleisch und Rote Grütze. Bisweilen Livemusik. ***Infos:*** *Mühlenweg 5 | Di–Fr ab 18, Sa/So ab 17 Uhr, Mo geschl. | Tel. 04521 50 42 | alte-muehle-eutin.de | €*

7 Feines aus der Schlossküche

Im Schlosshof sitzt ihr unter großen Sonnenschirmen, drinnen in lichtem Ambiente vor großen Fenstern zum See. Es wird erstklassig „feinheimisch" wie international gekocht, von Barschfilet auf Erbsen-Minze-Ravioli bis Kalbs-Entrecôte mit Black-Tiger-Garnelen. ***Infos:*** *Schlossplatz 5 | Di–So 9–21.30 Uhr | Tel. 04521 7 09 50 | schlosskueche-eutin.de | €€–€€€*

8 Mitten drin im alten Brauhaus

Auf der Terrasse vorm altehrwürdigen Haus sitzt ihr direkt am trubeligen Marktplatz, drinnen mit Blick auf große Braukessel. Serviert wird Deftiges wie Braumeistersteak oder Pannfisch zum heimischen Bier. ***Infos:*** *Markt 11 | tgl. 12–21 Uhr | Tel. 04521 76 67 77 | brauhaus-eutin.de | €–€€*

NATURNAH UND KOMFORTABEL

Im Naturpark-Camping Prinzenholz ist das kein Widerspruch

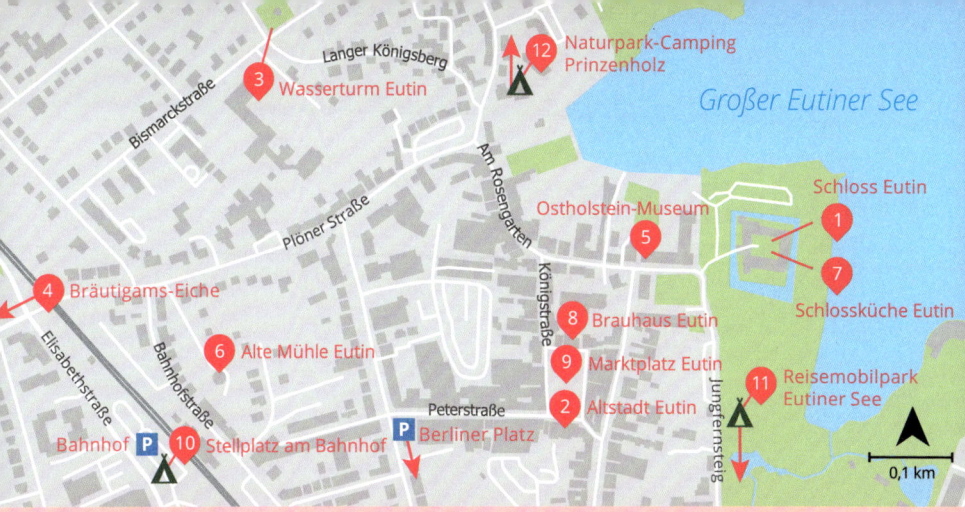

EINKAUFEN

9 Shoppen rund um den Marktplatz

In den Fußgängerstraßen und Gässchen rund um den Markt findet ihr schöne kleine Läden, wie etwa das Wollgeschäft **Das blaue Schaf** *(Riemanstr. 56, das-blaue-schaf.de)*, den Kunsthandwerk-Shop **Unikat** *(Stolbergstr. 15, unikat-eutin.de)* oder die **Eutiner Kaffeerösterei** (Königsstraßenpassage 1e).

STELL- & CAMPINGPLÄTZE

10 Für den Zwischenstopp

Gut für eine Stippvisite in Eutin: Der Stellplatz am Bahnhof. Er ist Bestandteil eines öffentlichen Parkplatzes, und hat keinerlei Ausstattung, ist dafür aber kostenfrei. Maximal eine Nacht, ganzjährig.

Stellplatz am Bahnhof
Elisabethstr. | 23701 Eutin
GPS: 54.135368, 10.609250

▶ *Größe: 5 Stellplätze*

11 Nahe Schloss und Markt

Neuer, blitzsauberer Stellplatz mit guter Ausstattung, direkt am Großen Eutiner See. 15–20 Gehminuten zum Marktplatz, noch weniger zum Schlossgarten. Ganzjährig, maximal 14 Nächte.

Reisemobilpark Eutiner See
€ | Oldenburger Landstr. 21 | 23701 Eutin | GPS: 54.1338168, 10.6297385

▶ *Größe: 24 Stellplätze*

12 Schön in der Natur gelegen

Komfortabler Campingplatz am bewaldeten Westufer des Kellersees, 15 Fahrminuten von Eutin. Zufahrtstraße etwas holprig und schmal, aber auch für große Mobile gut zu bewältigen. Sauna, Bootsverleih, Wanderwege, Reitmöglichkeiten. Anfang April–Ende Okt.

Naturpark-Camping Prinzenholz
€€ | Prinzenholzweg 20 | 23701 Eutin-Fissau | Tel. 04521 52 81 | naturpark-camping-prinzenholz.de | GPS: 54.160048, 10.602246

▶ *Größe: 2 ha, 113 Stellplätze, 25 Dauercamper*

Spot 5

Fehmarn
Willkommen auf der Sonnenseite des Lebens

Der Wind kann das Wohnmobil ordentlich von der Seite packen, wenn ihr über die 22 m hohe Fehmarnsundbrücke (wegen ihrer markanten Optik auch Kleiderbügel genannt) hinüber auf Deutschlands drittgrößte Insel hinter Rügen und Usedom fahrt. Dann seid ihr an der deutschen Costa del Sol, scheint hier doch die Sonne am häufigsten in unserer Republik. Und sonst? Urige Orte, toller Strand, viel Weite – und gastfreundliche Menschen, die stolz auf ihren „sechsten Kontinent" sind.

AUFS WESENTLICHE KONZENTRIEREN

Diese Kunst beherrschen Fehmarns Schafe mühelos

AKTIVITÄTEN & SIGHTSEEING

1 Die Inselhauptstadt Burg erkunden

Die Fahrt ins Zentrum von Burg ist dank Kopfsteinpflaster schön holprig. Ansonsten ist die kleine Inselhauptstadt (gut 6000 Ew.) ein friedlicher Ort mit schönen Fachwerkhäusern, **Heimatmuseum** *(museum-fehmarn.de)* und **Galileo-Wissenswelt** *(galileo-fehmarn.de)*. Und viele gemütliche Lokale gibt es hier auch! *Parkplätze: Großparkplatz östlich der Hauptstraße (Osterstraße, GPS 54.437611, 11.200104)*

2 Action pur in Burgstaaken

Die Fahrt von Burg zum Erlebnishafen Burgstaaken lohnt sich. Hier könnt ihr u. a. ein altes **U-Boot** bestaunen *(ostsee-u-boot.de)*, einem 40 m hohen **Silo** aufs Dach steigen *(siloclimbing.com)* und ein **Übersee-Museum** besuchen *(abenteuer-uebersee.de)*. Außerdem Fischerboote am Kai angucken und gut essen. *Parkplätze: am Hafen (GPS 54.420662, 11.192306)*

> **Insider-Tipp**
> **Sanddorn am Hafenkai kaufen**
> Am großen Stand der Obst-Palette *(obstpalette-fehmarn.de)* bekommt ihr super Sanddorn-Produkte, Honig und mehr.

3 Am Südstrand chillen

Von Burgstaaken sind es nur ein paar Fahrminuten zur vorgelagerten Halbinsel **Burgtief**. Der Südstrand dort ist rund 3 km lang, feinsandig, gespickt mit Strandkörben, verläuft flach ins Wasser und hat eine lange Promenade mit Lokalen und ein Meerwasserschwimmbad zu bieten. Wer sich vom hässlichen IFA-Hotelkomplex nicht abschrecken lässt, kann hier einen entspannten Badetag verbringen. *Infos: Südstrand Burgtief Parkplätze: am Glambeck-Denkmal (GPS 54.412833, 11.208249) oder nahe Yachthafen (GPS 54.411499, 11.202248)*

4 Abstecher nach Lemkenhafen

Über dem kleinen Ort an der Südwestküste erhebt sich die alte **Segelwindmühle Jachen Flünk,** 1787 erbaut und heute Museum *(museum-fehmarn.de/jachenfluenk)*. Anschließend nichts wie rein in die **Aalkate** *(original-aalkate-fehmarn.de)* und den vielleicht besten Räucherfisch der Insel genie-

5 Dem Hai ins Auge schauen

Im **Meereszentrum Fehmarn** taucht ihr trockenen Fußes ein ins nasse Element. Hier führt nämlich ein Glastunnel durch ein Mega-Aquarium, in dem ihr rundherum von Haifischen begutachtet werdet. Durch eine 16 m breite Panzerglasfront könnt ihr weitere Bewohner tropischer Gewässer bestaunen. *Infos: Gertrudenthaler Str. 12 | Burg | tgl. 10–18, Nov.–Feb. bis 16 Uhr | Eintritt 11 €, Kinder 7 €, Kombiticket mit Erlebniswelt Heiligenhafen 18 € | meereszentrum.de*

Spot 5 · Fehmarn

ßen. **Parkplätze:** am Hafenbistro (GPS 54.447006, 11.088712)

ESSEN & TRINKEN

6 Leute gucken vorm Landhaus Kröger
Hier sitzt man vor historischem Gemäuer (Bj. 1644) über der Hauptstraße von Burg und hat alles im Blick. Falls der nicht vom Teller abgelenkt ist: Es gibt gute (meist deutsche) Küche, von gebratener Scholle bis zum Ratsherrentopf. **Infos:** *Breite Str. 10 | Burg | tgl. 11.30–21 Uhr | Tel. 04371 67 53 | landhauskroeger.eatbu.com | €–€€*

7 Anlegen im Goldenen Anker
Draußen die Terrasse mit Blick auf Fischkutter von Burgstaaken, drinnen rustikal, auf dem Teller deftige Gerichte, was will man mehr. Vielleicht nach der Ankerplatte (750 g Fischfilets) noch einen Schnaps. **Infos:** *Burgstaaken 63 | Fehmarn | tgl. 11–22 Uhr | Tel. 04371 31 63 | goldener-anker-fehmarn.de | €–€€*

8 Tafeln im Piratennest
Am Inneren Hafen des Dörfchens Orth könnt ihr im Seeräuber-Ambiente üppig tafeln, z. B. Elvira, die Mörderische (Mega-Fischpfanne). **Infos:** *Am Hafen 1 | Fehmarn-Orth | Di–So ab 12 Uhr | Tel. 04372 80 65 90 | piratennest-fehmarn.de | €–€€* **Parkplätze:** *hinter dem Haus (GPS 54.449102, 11.050748)*

EINKAUFEN

9 Beute machen im Bordershop
Über 6000 m² Verkaufsfläche auf drei Etagen, Kistenberge Wein, 700 Sorten Whisky, Süßes bis zum Abwinken: Im weltweit größten schwim-

„KUMM RIN!"
Wer der Aufforderung folgt, wird im Piratennest mit üppigen Freibeuter-Gerichten belohnt

menden Grenzhandel ist Kaufrausch Programm. **Infos:** *Zur Westmole 1 a | Puttgarden/Fährhafen | Mo-Do 4-20, So 0-20 Uhr, Fr/Sa rund um die Uhr | bordershop.com* **Parkplätze:** *Vorm Hafen auf linker Spur dem Wegweiser zum Parkplatz Bordershop folgen (GPS 54.502645, 11.223240).*

STELL- & CAMPINGPLÄTZE

10 Maritim, aber ohne Komfort

Stellplatz am Erlebnishafen Burgstaaken mit seinen Fischerbooten, Attraktionen und Restaurants. Allerdings keine Serviceeinrichtungen. Ganzjährig.

Stellplatz am Kommunalhafen

€ *| Am Binnensee 54 | 23769 Burgstaaken | GPS: 54.42102, 11.19233*

▶ *Größe: 15 Stellplätze*

11 Erste Reihe Mitte am Meer

Etwas enge Zufahrt, aber tolle Ausstattung mit vielen Angeboten für Familien, in der Vorderreihe habt ihr weiten Blick über die Ostsee. 15 km von Burg, Anfang April–Mitte Okt. 1,5 km langer Spazierweg zum Flügger Leuchtturm (leuchtturm-fluegge.de), mit 37 m der höchste der Insel.

Camping Flügger Strand

Flügge 2 | 23769 Fehmarn | Tel. 04372 7 14 | fluegger-strand.de GPS: 54.451433300000, 11.0082377

▶ *Größe: 7,7 ha, 255 Stellplätze, 260 Dauercamper*

12 Mit Naturstrand und Bootsverleih

Ruhiger Familienplatz mit vielen Sportmöglichkeiten im Norden der Insel. Naturstrand, Kajakverleih, Stand-up-Paddling, Beachvolleyball. 13 km bis Fährhafen Puttgarden, 1. April–6. Okt.

Belt-Camping Fehmarn

€€ *| Altenteil 24 | 23769 Fehmarn | Tel. 04372 3 91 | belt-camping-fehmarn.de GPS: 54.5180001, 11.0903829*

▶ *Größe: 7,79 ha, 160 Stellplätze, 100 Dauercamper*

Spot 6

Travemünde
Ein Badeort wie aus dem Bilderbuch

Die Uferpromenade gesäumt von feiner Bäderarchitektur, ein intakter (wenn auch gerade im Umbau befindlicher) Fischerei- plus XL-Fährhafen, der breite feinsandige Strand, all das ist Travemünde, gern auch „Lübecks schöne Tochter" genannt. Das politisch zu Lübeck zählende Strandbad mit rund 13 500 Einwohnern war spätestens seit Eröffnung von Kurhaus und Spielbank zu Beginn des 19. Jhs. als mondänes Reiseziel gefragt – und ist es bis heute geblieben.

P Der zentral gelegene Schotterplatz Kurzentrum Leuchtenfeld hat ein eigenes Kurzparkareal für Wohnmobile (GPS 53.961234, 10.878683). Ansonsten bieten sich die beiden Stellplätze vor Ort an (S. 63).

HIMMEL, SONNE, MEER

Kein Wunder, dass an der Strandpromenade in Travemünde schon 1904 die Badegäste flanierten

Travemünde **B**

AKTIVITÄTEN & SIGHTSEEING

1 Vom Fischereihafen zur Nordermole flanieren

Auf diesen zwei Kilometern immer am Traveufer entlang wird die Seele von Travemünde spürbar. Am alten **Fischereihafen** gibt's leckere Fischbrötchen, hier legt die Pendelfähre zur Halbinsel Priwall ab. Schönste Bäderarchitektur, Cafés und Geschäfte wie Niederegger säumen die Vorderreihe genannte Uferstraße. Die **Travepromenade** mit ihren 1001 Bootsanlegern endet am grün-weißen Leuchtfeuer und dem langen Strand.

Insider-Tipp: Flusstour nach Lübeck — Von der Travepromenade (ab Kaiserbrücke, Vorderreihe 64a) könnt ihr mit der „MS Hanse" den Fluss hinauf ins Zentrum der Hansestadt fahren (hanse-travemuende.de).

2 Auf den alten Leuchtturm

Auf acht Etagen mit insgesamt 142 Treppenstufen bietet das kleine Museum in Deutschlands ältestem erhaltenen **Leuchtturm** schöne Modelle von Feuerschiffen, Seelaternen und mehr. Aus 30 m Höhe habt ihr einen guten Blick über Stadt und Hafen. *Infos: Am Leuchtenfeld 1 | Juli/Aug. tgl. 11–16, sonst Sa–Di und Do ab 13 Uhr | 2 € | leuchtturm-travemuende.de*

3 Zum Viermaster nach Priwall

Mit der Priwall-Pendelfähre geht es in wenigen Minuten hinüber zur Halbinsel Priwall, auf der gerade eine Freizeitwelt names Waterfront entsteht. Dort liegt die 1911 gebaute, 115 m lange Viermastbark „**Passat**" vor Anker. Schöne Ausstellung unter Deck, guter Blick hinüber nach Travemünde. *Infos: Priwallpromenade 3 a | Mai–Sept. tgl. 10–17, sonst 11–16.30 Uhr, Nov.–Mitte April geschl. | 4 €, Jugendliche 2 € | ss-passat.com*

4 Wanderung am Brodtener Steilufer

Von der Nordermole geht es zunächst über die breite Strandpromenade nordwärts, die nach rund 2 km in einen schönen Waldweg hoch zum Brodtener Steilufer übergeht. Nach insgesamt 3,5 km folgt das **Waldrestaurant Hermannshöhe** (Mo–Fr 11–18, Sa/So 8–18 Uhr | die-hermannshoehe.de | €€) mit tollem Ostsee-Weitblick.

5 Das Seebadmuseum durchstöbern

Vis-à-vis der Sankt-Lorenz-Kirche aus dem 16. Jh. mit sehenswerter Holzdecke und Barockaltar residiert das **Travemünder Heimatmuseum** in einem kleinen weißen Gebäude. Es erzählt die lange Geschichte des Badeorts, die mit der Eröffnung des Kurhauses anno 1802 begann, dokumentiert die Bademode zur Kaiserzeit und vieles mehr. Informative Hörstationen und Filme. *Infos: Torstr. 1 | März–Dez. Di–So 11–17 Uhr | Eintritt 6 €, Schüler/Studenten 3,50 € | museum-travemuende.de*

Spot 6 · Travemünde

ESSEN & TRINKEN

6 Teuflisch gut sitzen im Luzifer

Ein turmhohes Fährschiff gleitet vor deiner Nase vorbei und die Trave hinunter Richtung offene Ostsee – im Luzifer sitzt du direkt vis-à-vis Fährhafen Skandinavienkai. Durch große Fenster und aus den Strandkörben vor der Tür hat man alles im Blick. Das Essen hält mit, vom Labskaus für Anfänger bis Fischers Koek (Graved Lachs, Garnelen, Honig-Senf-Dip) ist alles gut. *Infos: Auf dem Baggersand 3 | tgl. 9–21 Uhr | Tel. 04502 30 78 11 | luzifer-sylt.de/travemuende | €€*

7 Tafeln wie die Vögte

Einst Sitz Lübscher Vögte, beherbergt das Backsteingiebelhaus Alte Vogtei von 1463 heute das gediegene **Restaurant Fisch & Meer**. Im St.-Lorenz- oder Kaminzimmer wird gute deutsche Küche gereicht, aber auch Pizza und Nudeln. Nachmittags beliebt für Kaffee und Kuchen. *Infos: Vorderreihe 7 | tgl. 9–23 Uhr | Tel. 04502 77 08 68 | fisch-meer-travemuende.de | €€*

8 Wohlfühlen im Café Marleen

Hinter hohen Fenstern im Backsteingebäude Ecke Vorderreihe und Lotsenberg gehen herrlich süße Sachen über den Tresen. Im urigen Wiener-Kaffeehaus-Ambiente sitzt man im Wintergarten und genießt auch ein gutes Frühstück oder Bodenständiges zum Mittag. *Infos: Vorderreihe 65 | tgl. 9–19 Uhr | Tel. 04502 88 83 99 | €–€€*

EINKAUFEN

9 Gesundes einkaufen im Bioladen Haferkorn

Der kleine feine Bioladen dicht am Anleger der Priwall-Fähre legt Wert auf

ALLES IM BLICK

Im Luzifer habt ihr freie Sicht auf die Trave – wenn nicht gerade ein turmhohes Fährschiff vorbeigleitet

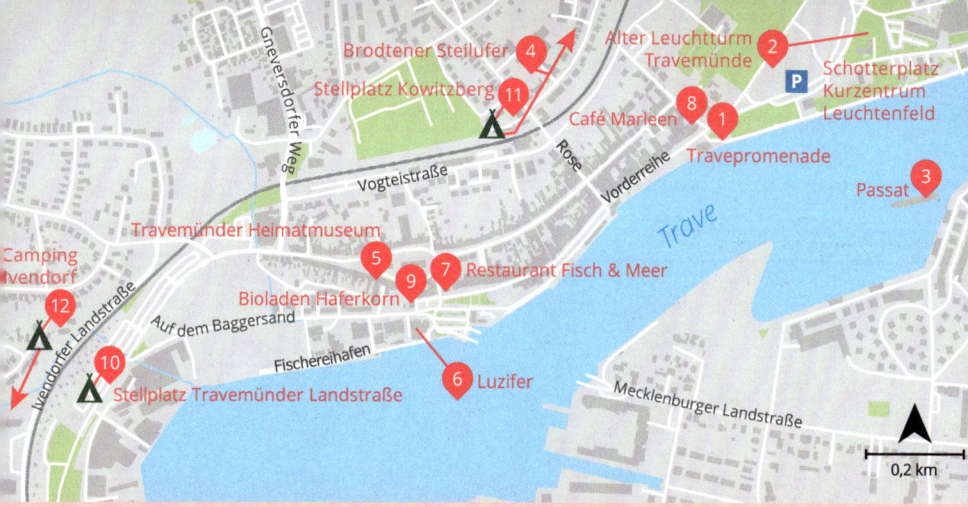

ökologische Produkte möglichst aus der Region. Neben gesunden Lebensmitteln findet ihr hier auch schöne Naturkosmetik. **Infos:** *Jahrmarktstr. 1 | Mo–Fr 9–18, Sa 9–13 Uhr | bioladen-haferkorn.de*

STELL- & CAMPINGPLÄTZE

10 Nahe Hafen und Vorderreihe

Abgetrenntes Areal für Wohnmobile auf dem neuen Großparkplatz in Strandnähe. Ver- und Entsorgung, Strom, keine Duschen, Parkscheinautomat. Maximal eine Nacht. Ganzjährig. Ca. 1 km bis zur Uferstraße Vorderreihe.

Stellplatz Travemünder Landstraße

€ | *Travemünder Landstr. 300 | 23570 Travemünde | GPS: 53.9530062, 10.8566111*

▶ **Größe:** *50 Stellplätze*

11 Dicht am Strand, etwas weiter zur City

Stellplatz am nördlichen Ortsrand von Travemünde im Grünen, der sich an einen allgemeinen Parkplatz anschließt, daher tagsüber Autoverkehr. Keine Dusche, aber sonst gut ausgestattet. Maximaler Aufenthalt eine Nacht, ganzjährig. Zur Strandpromenade rund 10, zur Travepromenade 25 Minuten zu Fuß.

Stellplatz Kowitzberg

€ | *Kowitzberg 40 | 23570 Travemünde | GPS: 53.97689885, 10.881083920866*

▶ **Größe:** *49 Stellplätze*

12 Mit Trattoria und Naturschwimmbecken

Gut ausgestatteter Campingplatz etwas südwestlich von Travemünde nahe am Fährhafen Skandinavienkai. Moderner Sanitärbereich, eigenes Naturschwimmbecken, Trattoria, kleiner Supermarkt, WLan Hotspot. Ganzjährig. Etwa 3 km von Travemündes City entfernt.

Camping Ivendorf

€€ | *Frankenkrogweg 2-4 | 23570 Travemünde | Tel. 04502 48 65 | camping-travemuende.de GPS: 53.9418746, 10.8438169*

▶ **Größe:** *7,5 ha, 270 Urlauber-Stellplätze, 100 Dauercamper*

Tour

Auf den Spuren der Hanse
Von Lübeck nach Rostock

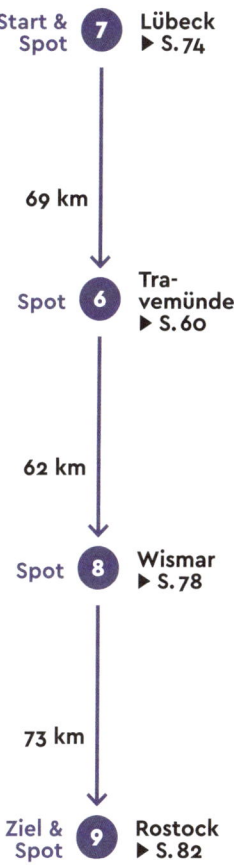

Hohe Steilufer, endlose Felder, und immer wieder blitzt die Ostsee durchs Seitenfenster des Wohnmobils – auf den Spuren der Hanse fährst du durch wunderschöne Natur von Hansestadt zu Hansestadt: Lübeck, Wismar und Rostock mit ihrer traditionsreichen Geschichte als bedeutende Handelszentren. Dazwischen triffst du auf kleine, urige Dörfer mit nordischer Gastfreundschaft und Strand, so weit das Auge reicht – jenseits der bekannten Badeorte wie Boltenhagen und Warnemünde sind die Strände (zumindest in der Nebensaison) oft angenehm still und leer.

Strecke 185 km

Reine Fahrzeit 3 Std. 35 Min.

Streckenprofil Mit wenigen Ausnahmen gut ausgebaute Straßen, kaum Steigungen und Gefälle, in den Dörfern teils schmale und mitunter stark beschädigte Straßen.

Empfohlene Dauer 5–8 Tage

Anschlusstouren
B D

FACTS

Tour im Überblick

C Tourenverlauf

Start & Spot	7	**Lübeck**
		Zwischen Tradition, Marzipan und purer Lebenslust ▶ **S. 74**

19 km | Von Lübeck führt die B 75 nach Travemünde. Wenn du den kostenpflichtigen Herrentunnel (3,50 €) unter der Trave meiden willst, fahr über die A1 – hier drohen allerdings an Wochenenden Staus.

Spot	6	**Travemünde**
		Ein Badeort wie aus dem Bilderbuch ▶ **S. 60**

In Travemünde fährt die **Priwall-Fähre** (GPS 53.955540, 10.867041) rund um die Uhr in wenigen Minuten hinüber zur gleichnamigen Halbinsel auf der anderen Trave-Seite (Wohnmobile bis 3,5 t 6,50 €, bis 7,5 t 7,50 €). Etwa 400 m vom Fähranleger entfernt lohnt die **Ostseestation Travemünde**, eine Kombination aus Ostseeaquarium und Meeresmuseum *(ostseestation-travemuende.de)* einen Zwischenstopp. Von dort folgt ihr ein kurzes Stück der Mecklenburger Landstraße, überquert die Landesgrenze nach Mecklenburg-Vorpommern, biegt an der T-Kreuzung links in Richtung Harkensee ab und folgt einfach der Ausschilderung zum Schlossgut Groß Schwanensee.

Schlossgut Groß Schwanensee

Das Luxusresort hat eine tiptop gepflegte **Parkanlage** – ideal für eine Pause. Bei Kaffee und Kuchen könnt ihr aus dem Wintergarten die Allee hinunter den einmaligen Blick bis zur Ostsee genießen. Nach der Stärkung geht es dann direkt an den **Strand.**

i Am Park 1 | Kalkhorst

P *Parken könnt ihr hinter der Gutsanlage (GPS 53.991491, 11.009605).*

14 km | Fahrt vom Schlossgut ein Stückchen zurück bis zum Abbieger nach Kalkhorst und dort auf die L 01, der ihr bis zum Schloss Bothmer in Klütz folgt.

Schloss Bothmer

Lust auf old England? Dann lohnt ein Besuch dieses Barock-Schlosses in Klütz. Graf Hans Caspar von Bothmer ließ das herrliche Anwesen ab

Von Lübeck nach Rostock

1726 errichten, und zwar strikt nach englischem Vorbild. Kein Wunder, schließlich war der Graf auch der erste Premierminister in der Londoner Downing Street.

ℹ️ *Am Park | Klütz | Nov.–März Sa/So 11–16, Juli/Aug. tgl. 10–18, April/Okt. Di–So 10–17, Mai/Juni/Sept. Di–So 10–18 Uhr | Eintritt 6 €, bis 18 Jahre frei | mv-schloesser.de/de/location/schloss-bothmer*

🅿️ *Parkplatz fünf Gehminuten vom Schloss entfernt (GPS 53.959005, 11.164913). Von dort kannst du auch gut den Ort Klütz erkunden, z. B. den Schmetterlingsgarten oder die St.-Marien-Kirche.*

6 km | Vom Parkplatz am Schloss biegt man links ab auf die L 03, die direkt in das Ostseebad Boltenhagen führt.

Boltenhagen

Seit 1803, als hier der erste Badekarren zum Strand gezogen wurde, ist von dem ursprünglichen Fischerdorf nicht mehr viel übriggeblieben. Boltenhagen (rund 2500 Ew.) ist mit Kurhaus, Promenade und Seebrücke ein **Heilbad** wie aus dem Bilderbuch. Die Strände und Steilküsten ringsum sind zudem ein **Dorado für Naturfreunde und Wanderer**. In der Hochsaison ist der Ort oft überfüllt.

ENDLOSE WEITE

Wer Boltenshagens Seebrücke einmal ganz für sich haben möchte, muss früh aufstehen

AM LEUCHTTURM

Perfekt für Sonnenanbeter, Naturfreunde, Wassersportler, Kinder: der Campingplatz Leuchtturm auf der Insel Poel

🅿 *Am Rand des langen Dünenweges (Ostseeallee), direkt in Krämers Wohnmobilhafen (GPS 53.981232, 11.219172) oder im Wohnmobilpark Banana Jack nebenan (GPS 53.981484, 11.217929).*

Insider-Tipp
Sundowner bei Banana Jack

Karibik-Feeling an der Ostsee: Abends gibt's coole Cocktails im Wohnmobilpark Banana Jack (bananajack.de).

10 km | Folgt nun der Ostseeallee bis zur Ferienanlage **Weiße Wiek** mit ihrem modernen Hafen und vielen Yachten. Nehmt hier am Kreisel die zweite Ausfahrt und biegt nach 3 km links auf die L01 ab. Hinter dem Ort Wohlenberg trefft ihr auf die halbkreisförmige Bucht Wohlenberger Wiek.

Wohlenberger Wiek

Feiner Sand, flaches Wasser, wenig Wellen: Die Wohlenberger Wiek ist ein Paradies für Surfer und Kiter. Für Familien winkt hier zudem ein weiteres Highlight: Im **Kindermotorland** (*kindermotorland.de | GPS 53.930802, 11.268616*) können Kids ab fünf Jahre auf speziellen Strecken Quads, Motorräder und Buggys ausprobieren. Gleich nebenan liegt der kleine, sehr serviceorientierte **Campingplatz Niendorf** (*GPS 53.929195, 11.270189, ostsee-campingplatz.de*).

Von Lübeck nach Rostock

20 km Von der Wohlenberger Wiek geht es über die L 01 Richtung Wismar. Im Frühsommer könnt ihr unterwegs auf großen Feldern köstlich süße Erdbeeren pflücken, etwa an der Abzweigung nach Beckerwitz (GPS 53.918863, 11.314798). Aber Achtung: Nicht das Bezahlen am Stand vergessen! Hier bietet sich auch ein kleiner Abstecher (4 km) zur Marina **Hohen Wischendorf** an (GPS 53.948078, 11.343808), mit weißem Sandstrand und herrlichem Blick zur Insel Poel. Wieder zurück auf der L 01, nehmt ihr nun Kurs auf Wismar.

Spot   **Wismar**
Stadt der Freibeuter und Kaufleute ▶ S. 78

Optionaler Anschluss: Tour G

Von Wismar fahrt ihr auf der L 12 (später L 121) nordwärts und dann über einen aufgeschütteten Damm auf die idyllische Insel Poel.

Poel

Strand, Strand, Strand – Poel (rund 2500 Ew.) bietet Natur und Erholung pur. Zum Beispiel im Dorf **Gollwitz,** das Ende des 14. Jhs. dem Freibeuter **Klaus Störtebeker** als Unterschlupf diente. Eine Schatzkiste am Meer erinnert an den schillernden Piraten (Parken am Ortseingang, GPS 54.018870, 11.479618). Ein 4 km langer Feldweg führt dann zum **Schwarzen Busch,** dem wohl schönsten Strand der Insel, Parkplatz direkt am Ortseingang von Kaltenhof (GPS 54.009937, 11.434791). Den gepflegten **Campingplatz Leuchtturm** (campingplatzleuchtturm.m-vp.de) in bester Lage direkt am Strand findest du 8 km weiter in Timmendorf, alternativ liegt ein Wohnmobilstellplatz direkt nebenan (GPS 53.993427, 11.379260).

38 km Nach der Auszeit auf Deutschlands achtgrößter Insel geht es nun über die L 121 zurück aufs Festland, wo du links auf die L 12 und dann in Rakow wieder nach links in Richtung Kühlungsborn abbiegst. Ein kleiner Abstecher nach 31 km ins Ostseebad **Rerik** mit einem Bummel auf der traumhaften Seebrücke lohnt sich, Parkplatz direkt am Strand (GPS 54.104042, 11.605621, auch über Nacht). Rerik verlässt du über die L 122, nach gut 4 km biegst du links ab auf die L 12 und folgst ihr rund 13 km bis Kühlungsborn.

Tourenverlauf

Kühlungsborn
Wer glaubt, die einzige Sehenswürdigkeit in Kühlungsborn (rund 8000 Ew.) sei der berühmte, kilometerlange **Sandstrand**, der irrt. Denn die einzigartige **Bäderarchitektur** in der Ostseeallee sollte man sich nicht entgehen lassen. Sie stammt noch aus der Kaiserzeit gegen Ende des 19. Jhs. und wurde nach der Wiedervereinigung kräftig aufpoliert. Nostalgiker und Eisenbahnfans geraten ins Schwärmen bei einer Fahrt mit der dampfbetriebenen **Bäderbahn Molli** ins 11 km entfernte Heiligendamm und zurück.

ℹ️ *Bäderbahn Molli, April–Nov., Abfahrten nach Heiligendamm tgl. jede Stunde zwischen 8.35 und 17.35 Uhr | molli-bahn.de | Hin- und Rückfahrt 10,50 €, Kinder 6–14 Jahre 8 €*

🅿️ *Parkplatz Tannenstraße (GPS 54.152166, 11.723132), gleich daneben der Campingpark Kühlungsborn (topcamping.de), beide nur zwei Gehminuten vom Strand bzw. 10 Minuten von der Bäderbahn Molli entfernt.*

📷 *Am Ortsausgang Kühlungsborn-Ost beim Parkplatz Bootshafen (GPS 54.150284, 11.772763) muss die Bäderbahn eine kleine Steigung überwinden. Dort gibt die Lok Volldampf und riesige Wolken quellen aus dem Schornstein – nostalgische Bilder!*

11 km | Teils entlang der Bäderbahn führt die L 12 in wenigen Minuten nach Heiligendamm.

Heiligendamm
Im rund 300 Einwohner kleinen und ältesten Seebadeort Kontinentaleuropas springen schon seit 1793 vergnügte Badegäste in die Wellen der Ostsee. 2007 tagten hier zum 33. Gipfeltreffen die G8-Regierungschefs, und der damalige EU-Präsident José Manuel Barroso setzte sich für ein Foto in den eigens angefertigten überdimensionalen Strandkorb. Sehenswert ist der klassizistische Ortskern, allerdings sind einige Bereiche davon in privater Hand und nicht öffentlich zugänglich – ein Blick von der Seebrücke über die strahlend weißen Gebäude lohnt sich trotzdem.

23 km | Von der Küste fahrt ihr nun via Seestraße und Börgerender Straße ein Stück weit landeinwärts. In Rethwisch geht es dann links ab auf die L 12, die direkt nach Warnemünde führt.

Von Lübeck nach Rostock C

Warnemünde

Wenn du in der ersten vollen Juliwoche in dem bekannten Seebad eintriffst, gerätst du mitten in den Trubel der **Warnemünder Woche,** mit 2000 Seglern aus 30 Nationen die drittgrößte Regatta in Deutschland – ein Erlebnis, nicht nur für Segelfans. Ein Wahrzeichen des Ortes ist das legendäre **Hochhaushotel Neptun** (hotel-neptun.de), zu DDR-Zeiten im Volksmund auch Stasi-Hotel genannt – Fidel Castro und Helmut Schmidt zählten zu den berühmten Gästen. Schön ist ein Bummel über die **Flaniermeile Am Strom** (GPS 54.178694, 12.087689) mit ihren liebevoll renovierten Kapitänshäusern, Geschäften, Restaurants und Cafés. Vom **Leuchtturm Warnemünde** hast du einen tollen Panoramablick über Warnemünde, Rostock und die Ostsee (Ostern–Okt. tgl. 10–19 Uhr | Eintritt 2 € | Am Leuchtturm 1, warnemuende-leuchtturm.de).

P Parkplatz Strand Mitte (GPS 54.175831, 12.056417, auch über Nacht) oder Mittelmole (GPS 54.178586, 12.091619).

12 km | Die kurze Schlussetappe führt von Warnemünde über die B 103, von der du nach rund 8 km abfährst und der Hamburger Straße Richtung Stadtzentrum Rostock folgst.

Ziel & Spot 9

Rostock
Maritimes Flair im Ostsee-Drehkreuz ▶ S. 82

SCHÖN NOSTALGISCH

Im Stundentakt dampft die Bäderbahn Molli zwischen Kühlungsborn und Heiligendamm hin und her!

Spot 7

Lübeck
Zwischen Tradition, Marzipan und purer Lebenslust

Abends hallt der Schritt auf blankpoliertem Kopfsteinpflaster, aus Kneipenfenstern dringt schummeriges Licht. Lübecks Altstadt, die zum Weltkulturerbe der Unesco zählt, wärmt das Herz. Wer im Ostseeraum auf den Spuren der Backsteingotik reist, kommt um diese 220 000-Einwohner-Stadt nicht herum. Kirchen und Kontorhäuser prägen die Silhouette, zeugen von Reichtum und Macht der Hanse. Dazwischen liegen heitere Fußgängerzonen, Cafés, Grün am Flussufer – Orte zum Shoppen und zum Relaxen.

P In der Altstadt schwierig. An der Kanalstraße probieren (GPS 53.870269, 10.69569, nur 500 m zur Innenstadt). Besser über Nacht bleiben, etwa auf dem Stellplatz Media Docks (s. S. 77).

WELTBERÜHMT
Unesco-Welterbe – und Lösung des Rätsels von Seite 64: das Holstentor

Lübeck

AKTIVITÄTEN & SIGHTSEEING

1 In Lübecks Wahrzeichen Geschichte schnuppern

Ein Muss für jeden Lübeck-Besucher: das **Holstentor**. Hat nichts mit der Biersorte Holsten zu tun, sondern ist im Sprachgebrauch aus „Holsteintor" entstanden. Schon von außen ein echter Hingucker, verrät das Museum innen viel Interessantes über die Hanse und den Handel der damaligen Lübecker Kaufleute. *Infos: Holstentorplatz | Jan.–März Di–So 11–17, April–Dez. Mo–So 10–18 Uhr | Holstentorplatz | Eintritt Museum 7 €, Kinder 6–18 J. 2,50 €, unter 6 J. Eintritt frei | museum-holstentor.de*

Insider-Tipp
Gruseln in den alten Salzspeichern
In den Hanse-Salzspeichern neben dem Holstentor wurde 1922 der Gruselklassiker „Nosferatu" gedreht – auf Touren zu besichtigen (wir-sind-luebeck.de).

2 Buddenbrookhaus: Hier muss Man(n) rein!

Was wäre Lübeck ohne die Buddenbrooks! Im Geburtshaus von Autor Thomas Mann erfährst du neben der detaillierten Familienhistorie Menschliches und persönliche Tragödien der Kaufmanns- und Schriftstellerfamilie. *Infos: Mengstr. 4 | Jan. Di–So 11–17, Feb.–März tgl. 11–17, April–Dez. tgl. 10–18 Uhr | Eintritt 7 €, Kinder 6–18 Jahre 2,50 € | buddenbrookhaus.de*

3 St. Marien-Kirche: Selfies mit dem Teufel

Vor einer der schönsten und größten Backsteinkirchen Deutschlands thront der Teufel und wartet auf ein Selfie mit dir. Neben der berühmten Skulptur ebenfalls sehenswert: Sonnenuhr, Orgel und die heruntergestürzte Glocke im Seitenschiff. Unbedingt eine Führung im Dachstuhl buchen! *Infos: Marienkirchhof 1 Jan.–März tgl. 10–16, April–Okt. tgl. 10–18, Okt.–Jan. tgl. 10–17 Uhr | Eintritt 2 €, Kinder u. Jugendliche frei | st-marien-luebeck.de*

4 Besuch im Marzipan-Museum

Direkt am alten Rathaus liegt das süßeste Museum der Stadt, das **Niederegger-Museum.** Hingucker sind zwölf lebensgroße Persönlichkeiten aus Marzipan, darunter Thomas Mann und Modezar Wolfgang Joop. Hart für Naschkatzen: Anknabbern ist natürlich verboten! Im Café eine Etage tiefer darf man dafür

5 Den alten Störtebeker besuchen

Das **Hansemuseum** im ehemaligen Lübecker Burgkloster bietet einen tollen Überblick über die Geschichte der Hanse. In der Sonderausstellung „Störtebeker" erfährt man alles über das Treiben der Piraten während der Hansezeit. Da reicht ein Regentag gar nicht aus. *Infos: An der Untertrave 1 | tgl. 10–18 Uhr | Eintritt 13 €, Kinder 6–16 Jahre 7,50 € | hansemuseum.de*

Spot 7 · Lübeck

kräftig zuschlagen. **Infos:** *Breite Str. 89 | Mo–Fr 9–19, Sa 9–18, So 10–18 Uhr | Eintritt frei | niederegger.de/cafe-niederegger/marzipanmuseum*
📷 *Vom Turm der Universitätskirche St. Petri (GPS 53.865882, 10.682885, mit Aufzug) gibt es einen grandiosen Blick über die Altstadt bis zur Ostsee und nach Mecklenburg!*

ESSEN & TRINKEN

❻ Genuss aus regionaler Küche
Holzverkleidete Wände, Dielenboden, liebevoll ausgesuchte Accessoires, schummrige Beleuchtung und ein Lübecker Original als Wirt – mehr Hanse als in der **Lübecker Hanse** geht nicht. Leckere regionale Küche, von Kalbsschnitzel bis Dorschfilet. **Infos:** *Kolk 7 | Mi und Do 17–21, Fr und Sa 17–22 Uhr | Tel. 0451 30 40 65 11 | luebeckerhanse.de | €€*

❼ Hotspot Kulturcafé Tonfink
Ein entspannter Kaffee am Nachmittag oder eine Kickerrunde bei Livemusik am Abend – das Tonfink versteht sich nicht ohne Grund als gemütliches Kulturcafé. Leckere, meist hausgemachte Kleinigkeiten wie „Damenimbiss" (Gurken- und Karottensticks mit Dip), Salate oder Currys. **Infos:** *Große Burgstr. 46 | Mo–Do 17.30–24, Fr und Sa 14 Uhr bis open end | Tel. 0451 54 69 00 36 | tonfink.de | €*

❽ Frühstück mit Aussicht
Im **Café Fräulein Brömse** sitzt du hinter geschichtsträchtigen Klostermauern oder auf einer Terrasse mit Blick über die Altstadt, genießt ein hausgemachtes Frühstück, Kaffee und Kuchen oder ein frühes Abendbrot. **Infos:** *An der Untertrave 1 | tgl. 09.30–18 Uhr | Tel. 0451 80 90 99 40 | sprotte.eatbu.com | €*

> **CHARMANTE ALTSTADTINSEL**
>
> In Lübecks Altstadt entfaltet sich der besondere Charme der Sieben-Türme-Stadt

EINKAUFEN

9 Über Lübecks charmante Einkaufsmeile bummeln

Egal ob Schlemmertour, Shopping-Marathon oder einfach nur entspanntes Bummeln – in der **Hüxstraße** geht alles. Auf nur 500 m findest du über 120 Läden, urige Bars und typische Lübecker Restaurants. Souvenir-Tipp: Bei Shalom Schmuckdesign gibt es die Stadtringe von Lübeck zu kaufen. *Infos: Hüxstr. 27 | Mo–Fr 11–18, Sa 10–16 Uhr | Tel. 0451 39 73 09 77 | shalom-schmuckdesign.de*

STELL- & CAMPINGPLÄTZE

10 Schlicht, aber zentral

Hier treffen sich Wohnmobilisten aus aller Welt. Der überwiegend ebene, schattenfreie Platz ohne jeglichen Service zwischen Stadtgraben und Trave eignet sich sehr gut als Basis für Erkundungen der Altstadt-Insel (8 Min. zu Fuß/5 Min. per Fahrrad). In der Hauptsaison oft sehr voll, ganzjährig nutzbar, maximal eine Nacht.

Stellplatz Media Docks 🐾

€ | *Willy-Brandt-Allee 21c | 23554 Lübeck*
GPS: 53.8727557, 10.6820378

▶ *Größe: 39 Stellplätze*

11 Katzensprung zur Altstadt

Ein idealer Platz für den Stopp zwischendurch, günstig gelegen zur Autobahn A1 und nur 15 Fahrminuten/ 7 km von der Altstadt entfernt. Hauptsächlich für Camper auf der Durchreise eingerichtet. Wohnwagen und Reisemobile stehen gemischt auf gepflegtem Rasen, Büsche und vereinzelte Bäume spenden ein wenig Schatten. Bushaltestelle direkt vor der Tür, Radweg bis in die Innenstadt. Kleines, aber sehr gepflegtes Sanitärhaus. Duschen gegen Wertmarken. Mitte März–Ende Okt.

Campingplatz Lübeck Schönböcken 🐾

€€ | *Steinrader Damm 12 | 23556 Lübeck*
Tel. 0451 89 30 90 | camping-luebeck.de
GPS: 53.8696609, 10.6309775

▶ *Größe: 70 Stellplätze*
▶ *Ausstattung: Wasch- und Trockencenter, WLAN, Brötchenservice*

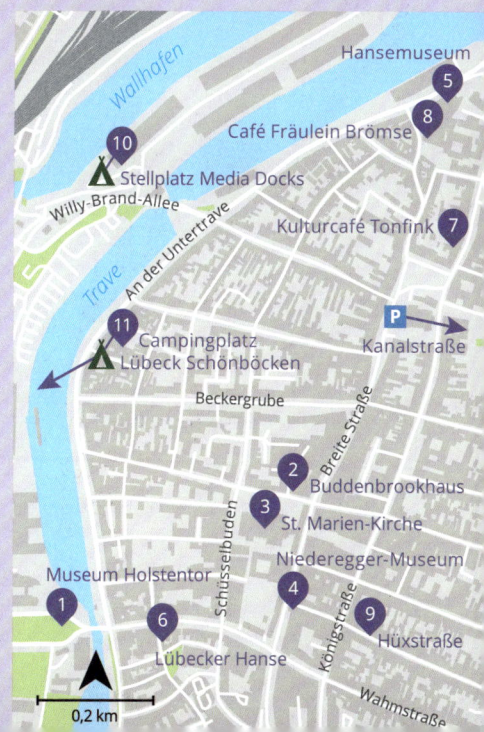

Spot 8

Wismar
Stadt der Freibeuter und Kaufleute

Willkommen in Wismar, der „kleinen Schwester Lübecks". Abgesehen vom Handel, Fischfang und Schiffbau profitierte die Hansestadt (rund 42 000 Ew.) zur Blütezeit der Hanse auch von der Piraterie. Legendäre Freibeuter wie Klaus Störtebeker verkauften ihre Beute auf dem Wismarer Markt – dank offizieller Kaperbriefe völlig legal. Der Wismarer Hafen und Marktplatz erinnern mit ihren liebevoll restaurierten Backsteinhäusern an die damalige Zeit.

P *Am ZOB, nur 12 Gehminuten vom historischen Marktplatz (GPS 53.897484, 11.466019) entfernt, oder Alter Holzhafen und Lagerstraße, teils mit Blick auf den Hafen (GPS 53.897006, 11.456110). Über Nacht am besten im Wohnmobilpark Westhafen (s. S. 81).*

WELTERBE

Mit seiner Lage am Wasser, der historischen Altstadt und den Backsteinbauten eroberte die Hansestadt einen Platz auf der Welterbeliste der Unesco

AKTIVITÄTEN & SIGHTSEEING

1 Geschichte schnuppern am historischen Markt

Wenn du wissen willst, warum Wismars Altstadt zum Unesco-Weltkulturerbe zählt, schau dir den alten Markt an. Mit 10 000 m² gehört er zu den größten seiner Art in Deutschland. Die aufwendig restaurierten Bauten ringsum wie das Rathaus, die alte schwedische Kommandantur und die Wasserkunst sind echte Hingucker. Setz dich einfach in eins der Restaurants oder Cafés und genieß das einzigartige Ensemble.

2 Auf Piratenspuren wandeln

Auf einer der historischen **Stadtführungen,** die am Markt starten, erfährst du mehr über den legendären Freibeuters Nicolao (Klaus) Störtebeker sowie über historische Gebäude und Denkmäler. Die kannst du auch auf eigene Faust erkunden, in der Tourismuszentrale am Markt gibt es Stadtpläne mit den wichtigsten Sehenswürdigkeiten. *Infos: Lübsche Str. 23 a | wismar.de*

3 Das Abendessen fangen

Mit der „MS Christa" oder der „MS Peter II" geht es in die Wismarer Bucht, vorbei an der Insel Poel zum **Hochseeangeln,** ein echtes Ostsee-Erlebnis. Angeln können an Bord geliehen werden. Ist jedoch nur etwas für Frühaufsteher (Abfahrt 7 Uhr). *Infos: Hochsee-Angeln Wismar | Lagerstr. 2 | tgl. 7–16 Uhr | Leihangel 8 € | Tel. 03841 20 50 28 | hochseeangeln-wismar.de | Tour 40*

4 Flanieren am Alten Hafen

Wuchtige Speichergebäude und das alte „Baumhaus" *(Ausstellungen April–Okt., tgl. 9–17, Nov.–März 10–16 Uhr, Eintritt frei)* erinnern an die Zeiten, als der Hafen noch Umschlagplatz für Waren aller Art war. Heute beschränkt sich der Handel auf den sonntäglichen Fischmarkt. Dafür gibt es in den top restaurierten oder neuen Gebäuden viele Shops und Restaurants. Falls Wassergucken alleine nicht reicht, bucht doch am Hafen eine Ausflugsfahrt, etwa zur Insel Poel *(z. B. adler-schiffe.de)*, s. S. 71.

Insider-Tipp
Seemannsluft schnuppern
Bei einem Törn mit dem Koggen-Nachbau „Wissemara" ab Altem Hafen kann man Hanse-Feeling pur erleben (poeler-kogge.de).

5 Relaxen und Baden

Spaßbad, Sauna, Wellness: Im **Wonnemar** macht sogar schlechtes Wetter Spaß. Egal, ob du eine der vielen Rutschen hinuntersaust, in der herrlichen Saunalandschaft relaxt, das kuschelig warme Außenbecken genießt oder dich vom Wasserstrahl der Massagedüsen durchkneten lässt – hier ist Wohlbehagen Programm. *Infos: Bürgermeister-Haupt-Str. 36 | Mai–Sept. tgl. 10–21, Okt.–April tgl. 10–22 Uhr | Eintritt 12,50 €, Kinder 10,50 €, Thermalbereich und Sauna extra | wonnemar.de/wismar*

Spot 8 · Wismar

ESSEN & TRINKEN

6 Stilvoll speisen

Von 1632 bis 1903 gehörte Wismar zu Schweden – spüren kannst du das noch im stilvollen **Restaurant Alter Schwede** mit Ziegelmauerwerk und Holzbalkendecke. Die Karte reicht vom Schwedenhappen (Rollmops, Matjes und Shrimps mit Brot) bis zur halben gefüllten Mecklenburger Ente. *Infos: Am Markt 22 | tgl. 11.30–23 Uhr | Tel. 03841 28 35 52 | alter-schwede-wismar.de | €€–€€€*

7 Das Café Glücklich beim Wort nehmen

Zwischen Bahnhof und St. Nikolai liegt ein kleines Schlemmerparadies. Katharina Glücklich (heißt wirklich so!) verwöhnt ihre Gäste mit selbstgebackenen Süß- und Backwaren wie Käsekuchen oder Schwarzwälderkirschtorte – köstlich! Super sind auch das gute Frühstück oder die herzhaften Quiches am Abend. *Infos: Schweinsbrücke 7 | tgl. 9–19 Uhr | Tel. 03841 7 96 93 77 | cafe-gluecklich-cafe.business.site/ | €–€€*

8 Frischer geht's nicht

Fangfrischer Fisch vom Kutter – im Alten Hafen von Wismar ein Genuss! Mit der „Minna von Friedrichskoog" und der „Heimat" hat man zwei **Verkaufskutter** zur Wahl. Matjes, Makrele, Aal, Lachs, Bismarck-Hering oder Steinbutt sofort im Brötchen genießen – und wieder am Tresen anstellen. *Infos: Am Hafen 7 | Mo–Fr 8.30–17.30, Sa/So 8–18 Uhr | €*

EINKAUFEN

9 Bummeln und shoppen

Nur einen Steinwurf vom historischen Markt lädt das östliche Ende der

ALTSTADTNAH

Vom Wohnmobilpark am Westhafen ist es nur ein Steinwurf zu Wismars historischer Altstadt

Lübschen Straße zum Einkaufsbummel ein. Kleine Läden wechseln sich hier mit großen Filialen ab. An der Ecke Krämerstraße steht das Karstadt-Stammhaus, das 1881 als erstes Haus der Warenhauskette gegründet wurde und – zur großen Erleichterung in Wismar – der Konzernsanierung nicht zum Opfer fällt. Im hinteren Bereich des Kaufhauses zeigt das **Rudolph-Karstadt-Museum** Einrichtungsgegenstände und Arbeitswerkzeuge aus der Anfangszeit des Unternehmens. *Infos: Rudolph-Karstadt-Platz 1 | Mo–Sa 9.30–19 Uhr | Tel. 03841 23 00*

STELL- & CAMPINGPLÄTZE

⑩ Zentrale, maritime Lage

Die Lage am Rand des Hafenindustriegebiets ist nicht 1a. Dafür sehr sauberer Platz mit freundlichem Platzwart. Brötchenservice gegen Aufpreis. Zu Hauptreisezeiten meist sehr voll, Reservierung nur beschränkt möglich – früh am Tag anreisen hilft. 750 m zum Alten Hafen und 1,2 km zum historischen Marktplatz. Ganzjährig, 24 Std.

Wohnmobilpark am Westhafen

€ | *Schiffbauerdamm 12 | 2366 Wismar | Tel. 0172 3 90 53 68 | wohnmobilpark-wismar.der | GPS 53.894268, 11.451578*

▶ *Größe: 85 Stellplätze*

⑪ Neuer Campingpark mit Logenplätzen

Dieser neue Caravanpark liegt im Norden der Hansestadt. Die Parzellen sind terrassenförmig an einem Hang angelegt. Ein alter Baumbestand spendet teilweise Schatten, mehrere Badestellen und Ostseeradwanderweg in der Nähe. In 20 Minuten spaziert man zu einem der beiden Schiffe, die in den 1940er-Jahren in der Bucht von Redentin auf Grund gelaufen sind. Rund 6 km sind es bis zum Alten Hafen, die Bushaltestelle (etwa 20 Min. Fahrtzeit ins Zentrum) befindet sich praktisch direkt vor der Tür. Ganzjährig 24 Std. geöffnet.

Ferienpark Wismar Lütt Moor 🐾

€ | *Lütt-Moor 1 | 23966 Wismar | Tel. 0172 3 14 85 73 | ferienpark-wismar.de*
GPS: 53.923763550000, 11.490689650141

▶ *Größe: 151 Stellplätze*

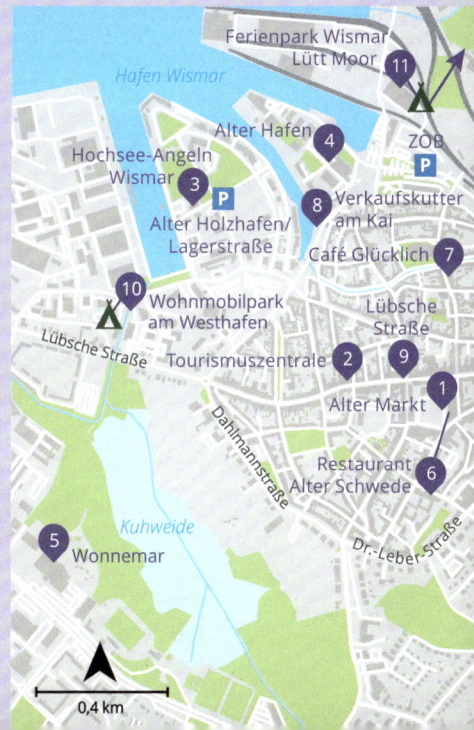

Spot 9

Rostock
Maritimes Flair im Ostsee-Drehkreuz

Mehr maritimes Flair geht kaum: Das Rostocker Stadtgebiet – dazu gehört auch Warnemünde (s. S. 73) – erstreckt sich 16 km weit vorwiegend am Westufer der Warnow entlang. Was Rostock schon für die Hanse war, ist die rund 208 000 Einwohner große Metropole nach dem Fall der Mauer wieder geworden: ein Drehkreuz für den südlichen Ostseeraum. Neue Arbeitsplätze, viele Zugezogene sowie ein tolles Kultur- und Unterhaltungsangebot sind die Folge – zu den Big Playern zählt etwa die AIDA-Reederei.

P *Auch in Rostocks City schwierig. Eine Möglichkeit ist der große Parkplatz am Stadthafen (GPS 54.092971, 12.131412), zu Fuß braucht man von dort gut 10 Minuten in die Altstadt. Über Nacht auf dem Stellplatz Mühlendamm (s. S. 85).*

ERFOLGSSTORY

Als Drehkreuz des Ostseehandels konnte Rostock an seine Zeit als bedeutender Hanse-Hafen anknüpfen

AKTIVITÄTEN & SIGHTSEEING

❶ Stadtrundgang durch Rostocks Geschichte

Der **Neue Markt** ist der Platz, der am meisten über die Geschichte Rostocks erzählt, etwa im Rathaus aus dem 13. Jh. mit seiner Barockfassade. Mehr erfährst du bei einem geführten Stadtrundgang. Seinem Namen macht der Platz alle Ehre: Täglich außer sonntags herrscht hier reges Markttreiben. **Infos:** *Universitätsplatz 6 | Stadtrundgang mit Rathausbesuch Mai–Okt. Mo–Sa 14, So 11, Nov.–April Sa 14 Uhr | Stadtrundgang 7 € | Tel. 0381 3 81 22 22 | rostock.de*

❷ Die Astronomische Uhr in der Marienkirche: ganz analog

Ein Hingucker: Das rund elf Meter hohe Kunstwerk direkt hinter dem Hochaltar zeigt die Zeit im 24-Stunden-Rhythmus an, dazu Datum, Mondphasen, Tierkreiszeichen und die Monate. Das einzigartige Meisterwerk läuft bereits seit 1472, ohne dass wesentliche Teile ersetzt werden mussten. **Infos:** *Bei der Marienkirche 1 | Mai–Sept. Mo–Sa 10–18, So 11.15–17, Okt.–April Mo–Sa 10–12.15, 14–16, So 11–12.15 Uhr | Eintritt frei | Tel. 0381 51 08 97 10 | astronomischeuhr.de*

❸ Einfach mal abtauchen im DiveCenter Rostock

Wer immer schon mal tauchen lernen wollte, kann das hier tun: Schnuppertauchgänge im DiveCenter gibt es ab rund 60 Euro. Wer es schon kann, entdeckt bei Tauchgängen Seesterne, Glasfische und Klippenbarsche etwa am 40 000 m² großen, künstlich geschaffenen Riff vor Nienhagen – es muss nicht immer die Südsee sein. **Infos:** *Zum Yachthafen 1–8 | Tel. 0173 1 70 54 41 | divecenter-rostock.simdif.com*

❹ Im Marine Science Center mit Robben baden

Rein in den Neoprenanzug, Schwimmflossen überziehen – dann geht es für etwa zwei Stunden ins Wasser zu den klugen Tieren. Auch an Land gibt's viel zu sehen, etwa die Arbeit der Trainer mit Robben und Seehunden. **Infos:** *Am Yachthafen 3 | April tgl. 10–16, Mai–Okt. tgl. 10–17, Nov. Do–So 10–16 Uhr | Eintritt Erwachsene 7 €, Kinder (4–16) 4 €, Robbenschwimmen 149 € | Tel. 0381 6 66 97 19 15 | marine-science-center.de*

❺ Blick in düstere Zeiten

Einen unrühmlichen Teil der DDR-Vergangenheit kann man beim Besuch der ehemaligen **Stasi-U-Haftanstalt** kennenlernen. Teilweise führen ehemalige Gefangene durch die Dokumentations- und Gedenkstätte. Zu sehen sind dabei u.a. Zellen mit Glasbausteinen statt Fenstern, damit die Gefangenen nicht erkennen konnten, wo sie sich befinden. **Infos:** *Hermannstr. 34b | März–Okt. Di–Fr 10–18, Sa 10–17, Nov.–Feb. Di–Fr 9–17, Sa 10–17 Uhr | Tel. 0381 4 98 56 51 | rostock.m-vp.de/stasi-u-haftanstalt*

Spot 9 · Rostock

Insider-Tipp
Sightseeing mal anders
Im Kajak Stadthafen und Petriviertel (stadtpaddeln-rostock.de) erkunden! Auch für Anfänger geeignet.

ESSEN & TRINKEN

❻ Süßes von der Eiswerkstatt
Hier ist immer viel los, aber für das köstliche Softeis nach Original-DDR-Rezept steht man gerne an. Alternativ greift man zum Frozen Yoghurt mit unzähligen Toppings oder einer verführerischen Waffel am Stiel. *Infos: Kröpeliner Str. 18 | tgl. 11–19 Uhr | Tel. 0381 68 13 16 | eiswerkstatt-rostock.de | €*

❼ Erstklassiger Fisch
In **Borwins Hafenrestaurant** wird neben Fleisch und Vegetarischem Fisch in allen Variationen, von gebratenen Scallops bis zum Wolfsbarsch serviert. Tipp: Das Borwin Curry mit Hähnchen, Garnelen, Fisch und Kokos. *Infos: Am Strande 2a | tgl. 11.30–24 Uhr | Tel. 0381 4 90 75 25 | borwin-hafenrestaurant.de | €€–€€€*

❽ Durchfeiern und dann im Neptun frühstücken
In der legendären Disco Da Capo im Hotel Neptun, nur ein paar Meter vom Strand in Warnemünde entfernt, feiern Touristen und Einheimische bei heißen Sounds, die von wechselnden DJs aufgelegt werden. Nach der Party kurz an den Strand und dann rauf ins Hotelrestaurant, um das Frühstück (ab 6.30 Uhr, auch für Externe) und den fantastischen Blick über die Hafeneinfahrt zu genießen. *Infos: Seestr. 19 | Warnemünde | Di, Fr, Sa 22–5 Uhr | Tel. 0381 77 77 78 | dacapo-disco.de | €€*

FLANIERMEILE MIT STIL
Auf der Kröpelinger Straße shoppt ihr vor der Kulisse schönster Fassaden aus mehreren Stilepochen

EINKAUFEN

9 Flanieren über Rostocks Einkaufsmeile

In der Fußgängerzone **Kröpeliner Straße** und den diversen Nebenstraßen locken kleine Geschäfte und Boutiquen abseits des Mainstreams, wo du ausgesuchte Kleidungsstücke, liebevoll gefertigte Accessoires und allerlei Schnickschnack findest. Viele gemütliche Cafés und Restaurants laden zum Verweilen ein.

STELL- & CAMPINGPLÄTZE

10 Einfach (und) gut gelegen

Kleiner Platz am südlichen Stadtrand, wirkt zwar ein wenig verwahrlost, ist aber nur 1,2 km vom Zentrum entfernt. Direkt am Stellplatz hält der Bus. Nur Basis-Service (Strom/Brauchwasserver- und entsorgung), die Schotterplätze sind durch Büsche und Bäume vom Mühlendamm getrennt. Kanu- und Bootsverleih auf der anderen Straßenseite, ein paar Meter weiter das Fluss-Strandbad an der Warnow. Mai–Okt.

Stellplatz Mühlendamm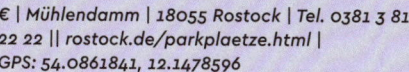

€ | *Mühlendamm* | *18055 Rostock* | *Tel. 0381 3 81 22 22* || *rostock.de/parkplaetze.html* | *GPS: 54.0861841, 12.1478596*

▸ *Größe: 24 Stellplätze*

11 Ein Hauch von Luxus ...

In Rostock selbst gibt es keinen Campingplatz. Empfehlenswert in der Nähe ist das Ferien-Camp Börgerende, 18 km nordwestlich bei Heiligendamm. Angenehm ruhig am Ende einer Sackgasse gelegen und mit herrlichem Blick direkt auf die Ostsee. Gute Ausstattung, z. T. TV-Anschluss, top-gepflegtes Sanitärhaus mit separatem Behindertenbad. Wohlfühloase mit Aromasauna, Kundalini-Massage und Infrarotkabine. Kleiner Wermutstropfen: Stellplätze im Schatten gibt's nur ganz wenige. April–Okt.

Ferien-Camp Börgerende

€€ | *Deichstr. 16* | *18211 Börgerende-Rethwisch* | *Tel. 038203 8 11 26* | *ostseeferiencamp.de GPS: 54.1518715, 11.9009973*

▸ *Größe: über 250 Stellplätze*

TRAUMSTRAND

Spätestens am Prerower Weststrand auf der Halbinsel Fischland-Darß-Zingst habt ihr ihn gefunden

Tour D

Reif für die (Halb-)Insel
Von Warnemünde nach Greifswald

Die Dichte der Reetdachhäuser nimmt zu, je weiter man kommt. Fischland-Darß-Zingst, einst aus drei Inseln zusammengewachsen, ist vielleicht Deutschlands schönste Halbinsel: lange, weiße Strände, kleine romantische Orte wie Ahrenshoop, gute Restaurants, alles da. Mit Stralsund und Greifswald warten anschließend zwei Hansestädte der Extraklasse. Wer kann, reist möglichst in der Vor- oder Nachsaison – im Sommer sind Straßen, Park- und Campingplätze oft rappelvoll.

Strecke 180 km

Reine Fahrzeit 3 Std. 50 Min.

Streckenprofil Wenig Steigungen und Gefälle, Straßen in den Orten speziell auf Fischland-Darß-Zingst teils sehr schmal und extrem holprig.

Empfohlene Dauer 6–8 Tage

Anschlusstouren C E

FACTS

Tour D im Überblick

D Tourenverlauf

Start ○ **Warnemünde** ▶ S. 73

21 km | Im Fährterminal von Warnemünde legen am Pier 7 alle 10–20 Minuten *(nachts stündlich, fahrgastschifffahrt-rostock-warnemuende.de)* die Schiffe Richtung Hohe Düne ab. Dann geht es durch die schöne Rostocker Heide mit Deutschlands größtem Küstenwald und ausgedehnten Moorgebieten bis nach gut 20 km Graal-Müritz erreicht ist.

Graal-Müritz

Einmal tief durchatmen: Wegen der besonders gesunden Luft dank viel Wald und Meer ringsum ist das Städtchen (gut 4000 Ew.) als Kurort beliebt. Die besondere Atmosphäre des Ostseeheilbads könnt ihr auch im **Rhododendron-Park** zwischen nördlichem Ortsrand und Strand (ausgeschildert) erleben, dem größten seiner Art an der Küste. Und dann nichts wie hin zur langen **Seebrücke,** außer Strand locken hier nette Cafés und Restaurants und bei Schietwetter das große Erlebnisbad **Aquadrom** *(aquadrom.net)*.

P *Parkplatz Seebrücke/Strand, auch über Nacht, zum Wasser 10 Min. zu Fuß (GPS 54.257588, 12.251077).*

16 km | Auf der L 22 geht es nun am Ostrand der Rostocker Heide entlang, bei Hirschburg biegt ihr links ab und erreicht dann über Klockenhagen Ribnitz-Damgarten.

Ribnitz-Damgarten

Ribnitz ist der attraktivere Teil der 1950 zusammengelegten Doppelstadt (gut 15 000 Ew.), die das Tor zur Halbinsel Fischland-Darß-Zingst bildet. Knackige Fischbrötchen vom Kutter und eine große Fischgaststätte gibt es am kleinen Hafen, und rund um den großen Marktplatz kann man das klassizistische **Rathaus** von 1832, die spätromanische Kirche **St. Marien** und den opulenten **Bernsteinfischerbrunnen** bewundern. Highlight aber ist das **Bernsteinmuseum.**

P *Am Fischerhafen (GPS 54.245606, 12.429120) oder Parkplatz Gänsewiese (GPS 54.244662, 12.423821), auch über Nacht. Von beiden erreichst du alles gut zu Fuß.*

Deutsches Bernsteinmuseum

Besonders früh morgens (und wenn das Meer aufgewühlt ist) lässt sich an den Stränden der Region das Gold der Ostsee finden: Bern-

Von Warnemünde nach Greifswald D

stein. Ribnitz-Damgarten ist ein bekanntes Bernstein-Zentrum, in einem ehemaligen Kloster lockt dieses schöne Museum. Zu sehen sind u. a. erlesener Bernsteinschmuck, besondere Steine und zauberhafte Kunstwerke mit und aus Bernstein.

i Im Kloster 1–2 | April–Okt. tgl. 9.30–18, Nov.–März Di–So 9.30–17 Uhr | Eintritt 8,50 €, Kinder bis 16 J. 4 € | deutsches-bernsteinmuseum.de

18 km Richtung Nordwesten kommt ihr erst über eine Alleestraße, dann auf der L 21 zum kleinen Ort **Dierhagen**. Hier könnt ihr am kleinen Hafen auf Tour mit dem Zeesboot (flache Fischersegler) „Hanne Nüte" *(boddenskipper.de)* gehen. Über die Landstraße nordwärts zwischen Ostsee und Bodden hindurch erreicht ihr in rund 20 Minuten Wustrow.

Wustrow

Dieser kleine Ort (rund 1100 Ew.) bietet euch von Meer und Bodden das Beste: Auf der Seeseite einen hellen **Sandstrand** voller Strandkörbe mit kleiner Seebrücke, hier ist Chillen angesagt. Am Boddenufer das alte **Dorfzentrum** mit hübschen Fischer- und Kapitänshäusern sowie der neugotischen Kirche von 1873 mit klasse Aussicht vom Turm (Plattform in 18 m Höhe). Vom Hafen gibt es in der Saison Fährverbindungen nach Ribnitz und Born, außerdem **Boddenrundfahrten** und Touren zur **Vogelbeobachtung** *(boddenschifffahrt.de)*.

GOLD DER OSTSEE

Uralt und noch immer begehrt: Bernstein. Mit etwas Glück findet ihr am Strand selbst welchen

FATA MORGANA?

Keineswegs! Selbst im Hinterland wie hier auf der Darß-Halbinsel tauchen plötzlich weiße Segel auf

🅿 *Kurz hinter dem Hafen (GPS 4.343522, 12.400448), auch über Nacht.*

Insider-Tipp

Kunst statt Heu und Stroh

In der Kunstscheune Barnstorf (kunstscheune-barnstorf.de), 10 Gehminuten vom Hafen, stellen im Sommer Maler, Bildhauer und Keramiker ihre Werke aus.

| 5 km | Zurück auf der L 21, landet ihr Richtung Norden nach wenigen Minuten im schönen Ahrenshoop. |

Spot 10 — Ahrenshoop
Ein Ort für die schönen Dinge im Leben ▶ S. 96

| 16 km | Von Ahrenshoop geht es nun auf der L 21 weiter nordwärts. Bald biegt die Landstraße ins Landesinnere ab Richtung Bodden und erreicht kurz darauf **Born** mit seinen Kopfsteinpflastersträßchen, kleinem Boddenhafen, der Fischerkirche von 1934 und dem Bio-Hofladen von Gut Darß *(Am Wald 26, gut-darss.de)*, wo ihr den Wohnmobil-Kühlschrank mit gesundem Proviant auffüllen könnt. Von dort sind es auf der L 21 nur wenige Minuten bis zum Nachbarort Wieck. |

Von Warnemünde nach Greifswald D

Wieck

Hier ist Entschleunigung Programm, denn an dem kleinen Ort (700 Ew.) fließen die Urlauberströme weitgehend vorbei. Dabei muss sich Wieck mit seinem netten Kern inklusive der alten Kapitänshäuser und dem kleinen Regional- und Biomarkt *(im Sommer Mi und Sa 9–13 Uhr)* nicht verstecken. Zumal es im Zentrum ein echtes Highlight gibt, nämlich die **Darßer Arche** (gut ausgeschildert).

Darßer Arche

Das durch Solarenergie betriebene **Nationalparkzentrum der Vorpommerschen Boddenlandschaft** mit seiner eigenwilligen Architektur bietet durch Schautafeln, Exponate und Filme einen guten Überblick über Natur und Lebensräume der Region. Angeschlossen ist die **Galerie Künstlerdeck.**

ℹ️ *Bliesenrader Weg 2 | Juni–Sept. tgl. 9–17, Mai/Okt. tgl. 10–17, April tgl. 10–16, Nov.–März Do–Mo 10–16 Uhr | Eintritt 6,50 €, Kinder bis 16 J. frei | darsser-arche.de*

🅿️ *Direkt am Eingang der Arche.*

6 km — Folgt ihr der L 21 nach Norden Richtung offene Ostsee, erreicht ihr in 10 Minuten Prerow.

Prerow

Das Ostseebad (1500 Ew.) mit seinen Kapitänshäusern und bunt bemalten Darßer Türen ist hübsch, und im **Darß-Museum** *(foerderver ein-darss-museum.de)* erfährt man einiges zur Geschichte des Badetourismus und zur örtlichen Seefahrt. Sehenswert sind auch das benachbarte **Bernsteinmuseum** nebst Heimatgalerie *(darsser-ort.de)*. Die Highlights von Prerow sind jedoch eindeutig die **Strände.**

Nord- und Weststrand

Vom Ortskern geht es zu Fuß über den Prerow-Strom und durch ein kleines Waldstück zum schönen, rund 80 m breiten feinsandigen **Nordstrand** samt Regenbogen Camp *(regenbogen.ag)* und Seebrücke, der für sein sauberes Wasser bekannt ist. Noch berühmter ist der rund 13 km lange **Weststrand,** von einem Fernsehsender zu einem der 20 schönsten Strände der Welt gekürt. Hier befinden sich auch der gut 35 m hohe Backstein-Leuchtturm **Darßer Ort** und das Meeresmuseum **Natureum** *(natureum-darss.de)*. Hin kommt man nur zu Fuß,

D Tourenverlauf

per Rad (etwa 5 km) oder mit der Kutsche (z. B. *kutschfahrten-bergmann.de*), oder ihr fahrt ein Stück mit der Darßbahn (*darssbahn.de*).

P *Kleiner Bereich des Parkplatzes am Boddenhafen (GPS 54.446562, 12.583398), oder an der Ecke Strandstraße/Ecke Hafenstraße (GPS 54.442824, 12.577322).*

Insider-Tipp
Prerow liegt am Mississippi

Etwas Tom-Sawyer-Romantik gefällig? Könnt ihr haben: Im Sommer fährt der Raddampfer Baltic Star vom Boddenhafen über den Prerow-Strom (reederei-poschke.de).

11 km | Nur durch ein schmales Waldstück von der Küste getrennt, führt die L 21 weiter nach Zingst.

Zingst
Dieses Ostseeheilbad zählt die meisten Urlauber pro Jahr auf der Halbinsel Fischland-Darß-Zingst, entsprechend kann es am langen feinen Sandstrand rund um die 270 m lange **Seebrücke** zur Hochsaison voll werden. Berühmt ist Zingst für seine Events in Sachen Fotokunst, wie etwa das jedes Jahr stattfindende Umweltfotofestival **horizonte zingst** (*zingst.de/aktivitaeten/fotografie*). Wer länger bleibt, kann zu Fuß oder per Rad einen knapp 10 km langen Abstecher durch den Nationalpark Vorpommersche Boddenlandschaft zum **Pramort** machen, einem schönen Aussichtspunkt zur Beobachtung von Kranichen!

P *Am östlichen Strandübergang 6 (GPS 54.440985, 12.707408), Stellplatz Am Wassersportzentrum nebenan oder Parkplatz an der Festwiese (GPS 54.434099, 12.695803).*

14 km | Durch flaches Boddenland führt die L 21 nun südwärts runter von der Halbinsel Fischland-Darß-Zingst. Nach rund 10 km geht es links ab, und bald darauf ist der kleine Ort Barth erreicht.

Barth
Hier soll die reiche Stadt Vineta gelegen haben, die einst im Wasser versank. Ein **Museum** ist der Legende gewidmet (*vineta-museum.de*), und jedes Jahr finden **Vineta-Festtage** mit Open-air-Aufführungen statt. Im Ort gibt es u. a. die schöne **Marienkirche** (ab 1250) und das **Galerie-Café** mit Wechselausstellungen zu Malerei, Fotografie etc.

Von Warnemünde nach Greifswald D

(galerie-cafe-barth.com). **Bootstouren** gibt es von Barth u. a. nach Zingst und Hiddensee *(reederei-poschke.de)*.

P *Etwa am Westhafen (GPS 54.371099, 12.724884), nebenan der Stellplatz Segler-Verein, oder am Osthafen (GPS 54.369582, 12.732115), auch über Nacht.*

32 km | Von Barth geht es in südliche Richtung bis zur Kreuzung mit der B 105 und dort links ab. Nach rund 20 km führt die Bundesstraße auf die E 22 Richtung Rügen. Kurz darauf geht es über die Abfahrt Altstadt direkt nach Stralsund hinein.

Spot 11 | **Stralsund**
Die alte Stadt und das Meer ▶ S. 100

40 km | Vom Zentrum der Hansestadt fährst du nun südwärts über die Greifswalder Chaussee via Andershof und am Stellplatz Stralsund vorbei bis zur Auffahrt auf die E 22. Bereits die nächste Abfahrt führt dann auf die B 105, die dich Richtung Südosten nach Greifswald bringt, dem Ziel dieser Tour.

Ziel & Spot 12 | **Greifswald**
Universität mit Stadt drumherum ▶ S. 104

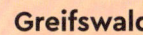

MISSISSIPPI-FEELING

Das stellt sich bei einer Tour mit dem Schaufelraddampfer „Baltic Star" auf dem Prerow-Strom ein

Spot

Ahrenshoop
Ein Ort für die schönen Dinge im Leben

Links und rechts der Durchgangsstraße reihen sich schmucke Häuser und Katen mit Reetdach aneinander, dort und in den teils sandigen Seitenwegen wimmelt es vor Galerien. Die schöne Natur samt Traumstrand und Steilküste hat seit Ende des 19. Jhs. viele Künstler angezogen. Sie haben den Ort geprägt. Das ist bis heute zu spüren, in Ahrenshoop wohnt der gute Geschmack, hier könnt ihr feiner essen und besser Kunst kaufen als anderswo in der Region.

P *Schwierig! Gleich am Ortsanfang vor dem Kunstmuseum liegt links an der Durchgangsstraße ein größerer Platz (GPS 54.374554, 12.416177), ansonsten am anderen Ortsende auf dem Parkplatz der Helios-Klinik (GPS 54.391453, 12.439338, auch über Nacht, s. S. 99).*

KULTUR-HOTSPOT

Die Galerie spannt den Bogen von den Anfängen der Künstlerkolonie Ahrenshoop bis in die Gegenwart

Ahrenshoop D

AKTIVITÄTEN & SIGHTSEEING

1 Die Kunst erlaufen

Ein 13 km langer Rundwanderweg, der **Kunstpfad Ahrenshoop,** führt euch zu zehn Orten, an denen einst die bekanntesten Bilder der Künstlerkolonie entstanden – auf großen Tafeln werden dort die Kreativen und ihre Werke beschrieben. Infos und Flyer hat die Kurverwaltung. *Infos: Kirchnersgang 2 | Mo–Fr 10–16, Sa/So 10–15 Uhr | ostseebad-ahrenshoop.de* 📷 *Auf der Steilküste malte Kolonie-Gründer Paul Müller-Kaempff einst den berühmten „Blick nach Ahrenshoop" (GPS 54.378915, 12.412643).*

2 Galerien-Hopping

Macht Spaß: Zu Fuß oder per Rad einige der vielen Galerien abklappern. Sehenswert ist z. B. das rohrgedeckte **Dornenhaus,** das neben Malerei auch schöne Keramik zeigt *(dornenhaus.de)*. Das **Neue Kunsthaus** nebenan bietet u. a. Grafiken und Skulpturen *(neueskunsthaus-ahrenshoop.de)*, die kleine **Galerie Alte Schule** *(galerie-alte-schule-ahrenshoop.de)* Werke von Künstlern aus den Anfängen der Künstlerkolonie.

> **Insider-Tipp**
> **Kunst auch online kaufen**

Der Kunstkaten ist alt (1909) – und up to date. In dem markant blauen Haus könnt ihr nicht nur Kunst anschauen und kaufen, sondern auch online erwerben *(kunstkaten.de)*.

3 Die Schifferkirche besichtigen

Im Inneren dieser rohrgedeckten Kirche von 1951 fühlt man sich fast wie auf einem alten Wikingerboot: Die offenen Rippen der Spitzbögen und die Wände sind komplett aus Holz, von der Decke hängen Schiffsmodelle herab. Zeitweise gibt es Konzerte und andere Events. *Infos: Paetowweg 5 | geöffnet in der Saison Di–So 10–18 Uhr | kirchengemeinde-prerow.de*

4 Am Islandpferdehof Fischland ausreiten

Die Islandpferde hier haben es gut, sie leben im offenen Stall und haben viel Auslauf. Ihr könnt auf dem kleinen Hof einzelne Reitstunden, aber auch Tagestouren buchen. Unbedingt vorher anrufen! *Infos: Weg zum Kiel 12 | Tel. 038220 6 93 28 | islandpferdehof-fischland.de* **Parkplätze:** *Die Zufahrt zum Hof ist eng, besser auf dem Platz*

5 Auf den Spuren der Künstlerkolonie

Dank markanter Architektur und eigenwilligem Goldton ist das **Kunstmuseum Ahrenshoop** nicht zu übersehen, und das ist auch gut so. 125 Jahre Künstlerkolonie werden hier liebevoll dokumentiert. So sind u. a. Werke namhafter Kreativer wie Elisabeth Anna Gerresheim und César Klein zu sehen. *Infos: Weg zum Hohen Ufer 36 | tgl. 11–18 (Mi bis 20) Uhr | Eintritt 10 € | kunstmuseum-ahrenshoop.de*

97

Spot 10 · Ahrenshoop

an der Durchgangsstraße parken (GPS 54.362071, 12.408972).

ESSEN & TRINKEN

6 Hafenflair schnuppern im Räucherhaus

Ja, Ahrenshoop hat auch einen kleinen Boddenhafen. Die Zufahrt ist holprig, aber es lohnt sich, im Räucherhaus direkt am Kai wird gut gekocht. Zu Stremellachs in Blätterteighülle oder gebratenem Knurrhahn gibt es ein Bier aus der hauseigenen Fischland-Brauerei. Im Gasthaus kannst du auch **Zeesboot-Touren** buchen und auf einem der traditionellen Fischerboote auf den Saaler Bodden hinaussegeln. *Infos: Hafenweg 6 | tgl. 8–22 Uhr | Tel. 038220 69 46 | raeucherhaus.net | €€*

7 Fein speisen im Charlottenhof

Die Karte ist klein, aber Dorschfilet mit Karotten und Kräuterpüree oder geschmorter Schaufelbraten sind mit Liebe zubereitet. Residiert in einer alten Künstlerpension. *Infos: Grenzweg 3 | tgl. 8–21.30, im Winter außer Fr/Sa nur bis 17 Uhr | Tel. 038220 6 62 37 | charlottenhof-ahrenshoop.de | €€–€€€*

8 Leichtes naschen im Café Pieni

Klein, hell und gemütlich: In diesem Bistro ist der Name Programm (Pieni ist finnisch und bedeutet „Das Kleine"). Vom Frühstück über knackige Salate bis zum selbstgebackenen Kuchen wird alles liebevoll im Retrodesign serviert. Es gibt auch Picknickkörbe! *Infos: Dorfstr. 1 a | tgl. 10–18 Uhr | Tel. 038220 6 66 78 40 | cafe-pieni-ahrenshoop.de | €–€€*

LEINEN LOS!

Nach der Stärkung im Räucherhaus bietet sich eine Tour mit dem traditionellen Zeesboot zum Saaler Bodden an

Ahrenshoop

EINKAUFEN

9 Schöne Dinge erstehen

Unübersehbar mit ihrem roten Türmchen ist die **Bunte Stube,** eine Institution direkt an der Hauptstraße. Neben tollen Büchern zur Region gibt es hier auch schönes Kunsthandwerk. *Infos: Dorfstr. 24 | Mo-Sa 10-18.30, So 12-17 Uhr | Tel. 038220 2 38 | bunte-stube.de*

STELL- & CAMPINGPLÄTZE

10 Einziger Platz direkt am Ort

Gute Stell- und Campingplätze liegen ein Stück außerhalb, Ausnahme vor Ort ist dieser Platz, 20 Gehminuten vom Zentrum. Nüchterner Platz am nördlichen Ortsausgang auf großem Parkareal ohne Serviceeinrichtungen, fürs Gebotene teuer. Ganzjährig.

Stellplatz an der Helios-Klinik

€ | Dorfstr. 52 | 18347 Ahrenshoop | GPS: 54.391453, 12.439338
▶ Größe: *20 Stellplätze*

11 Gleich hinterm Deich

Guter Stellplatz rund 6 km südlich vor Ahrenshoop an der L 21, zu Fuß 1 Std. ins Stadtzentrum. Grillstelle, Beachbar, alles da. Schnupperkurs im Kiten, Windsurf-Kurse. Anfang April–Ende Okt.

Surfcenter Wustrow

€ | An der Nebelstation 2 | 18347 Wustrow | Tel. 038220 8 02 50 | surfcenter-wustrow.de

GPS: 54.3409585, 12.3802231
▶ Größe: *30 Stellplätze*

12 Schön im Grünen gelegen!

Campingplatz rund 8 km östlich von Ahrenshoop mitten im Grünen am Saaler Bodden bei Born. Die Sanitäranlagen sind teils nicht auf neuestem Stand, sonst ist aber alles da, vom Brötchenservice bis zur Badestelle. Fahrrad- und Bootsverleih, Surfkurse. Mai–Ende Okt.

Regenbogencamp Born

€€ | Nordstr. 86 | 18375 Born a. Darß | Tel. 038220 8 02 50 | regenbogen.ag | GPS: 54.3820154, 12.5022595
▶ Größe: *15 ha, 350 Stellplätze, 145 Dauercamper*

Spot

Stralsund
Die alte Stadt und das Meer

Stolze Kirchen, Klöster und Speicherhäuser – das Stadtbild von Stralsund (rund 58 000 Ew.) mit seiner üppigen Backsteingotik spricht von Macht und Reichtum der Hanse. Weite Teile des fast völlig von Wasser umgebenen historischen Zentrums mit dem alten Hafen und seinen zahlreichen Brücken gehören zum Welterbe der Unesco, erzählen von Handel und Seefahrt. Südöstlich der City schwingt sich die Strelasundbrücke nach Rügen.

P *Im Zentrum meist enge (Einbahn-)Straßen und nur wenige kleinere Parkplätze, etwa am Neuen Markt (für Kastenwagen, GPS 54.310971, 13.087871), großer Parkplatz am nördlichen Ortsende (GPS 54.303774, 13.102513). Weil Stralsund mindestens eine Übernachtung lohnt, fahrt am besten gleich auf einen der beiden stadtnahen Stellplätze (s. S. 103). Tipp: Nach Kurzzeit-Tarifen fragen.*

ANTARKTIS AN DER OSTSEE

Auf dem Dach des schneeweißen Ozeaneums lebt eine Kolonie Humboldtpinguine

Stralsund D

AKTIVITÄTEN & SIGHTSEEING

1 Staunen am Alten Markt

Rund um den Alten Markt könnt ihr Backsteingotik pur erleben. Das **Rathaus** mit seiner prächtigen Schaufassade aus dem 13. Jh. zählt zu den wichtigsten Profanbauten im Ostseeraum. Gleich nebenan thront die mächtige **Nikolaikirche** von 1276 mit ihren freskengeschmückten Säulen. Mit dem **Wulflamhaus** samt Restaurant oder dem **Olthofschen Palais** (Welterbe-Ausstellung) gibt es im Umkreis viele weitere imposante Fassaden. *Infos: hansestadt-stralsund.de*

Insider-Tipp
Shoppen gehen im Rathaus

Neben den Läden im Erdgeschoss (Stralsunder Marzipan!) finden in der gotischen Kellerhalle schöne Themenmärkte statt.

2 Dem Ozeaneum aufs Dach steigen

Bei gutem Wetter solltet ihr ganz oben beginnen: Auf der Dachterrasse des schneeweißen Ozeaneums lebt eine Kolonie Humboldtpinguine – einfach süß. 50 teils riesige **Meerwasseraquarien** für Haie, Rochen & Co, Walgesänge vom Band und Infos zu Flora und Fauna der Meere bilden den Kern der Ausstellung. Es gibt Kombi-Tickets mit dem kleineren, ebenfalls schönen **Deutschen Meeresmuseum** (meeresmuseum.de). *Infos: Hafenstr. 11 | Juni–Sept. tgl. 9.30–20, Okt.–Mai 9.30–18 Uhr | Eintritt 17 €, Kinder 8 € | ozeaneum.de*

3 Die Gorch Fock I besichtigen

Als ältestes von vier nahezu baugleichen Segelschulschiffen liegt die Gorch Fock I (Bj. 1933) als Museumsschiff im Hafen von Stralsund. Ein Rundgang von der Brücke bis in den Schiffsbauch lohnt sich. *Infos: An der Fährbrücke | tgl. 10–18, im Winter bis 16 Uhr | Eintritt 5 €, Kinder 2,50 € | gorchfock1.de*

4 Ultimativer Skyline-Blick

Die Skyline der Stadt mit ihren Kirchtürmen kann man am besten vom Wasser aus bewundern, etwa bei einer einstündigen Hafenrundfahrt mit der **Weißen Flotte.** Auch Linienverkehr, etwa nach Rügen. *Infos: Seestr./An der Fährbrücke | Mitte Mai–Ende Sept. ab 10.15 Uhr 4–5 x tgl. | Fahrpreis 10 €, Kinder 5 € | weisse-flotte.de*

5 Mitmachen in der Spielkartenfabrik

Die Fertigung von Spielkarten hat in Stralsund Tradition, schon 1765 wurde eine Produktionsstätte errichtet. Die Spielkartenfabrik ist heute mehr Werkstatt als Museum, die historischen Maschinen sind weitgehend in Betrieb. Besucher können den Mitarbeitern über die Schulter schauen und bei Workshops und Projekten selbst Hand anlegen. *Infos: Katharinenberg 35 | Mo–Fr 11–13 und 15–19 Uhr | Führungen und Projekte zu unterschiedlichen Zeiten und Kosten | spiefa.de*

Spot 11 · Stralsund

ESSEN & TRINKEN

❻ Fisch essen im Hiddenseer

Pastellfarbene Wände, einfaches Holzmobiliar, Schiffsutensilien an Wänden und Decke: In diesem denkmalgeschützten Gebäude von 1889 am Hafen direkt neben dem Ozeaneum geht es maritim zu. Auf der Karte Fischgerichte von Matjestopf bis Ostseedorsch im Knuspermantel. Gute Adresse! **Infos:** *Hafenstr. 12 | tgl. 11–21 Uhr | Tel. 03831 28 92 39 90 | hotel-hiddenseer.de | €€*

❼ Schlemmen im Brauquartier

Inmitten bronzefarbener Braukessel kommt im **Braugasthaus der Störtebeker Braumanufaktur** (seit 1827!) Deftiges wie die Große Haxe oder Schulter vom Sund-Lamm auf den Holztisch, aber auch Vegetarisches. 6-Gang-Menü mit Bierbegleitung, Führungen durchs historische Sudhaus. **Infos:** *Greifswalder Chaussee 84 | tgl. 11.30–21.30 Uhr | Tel. 03831 25 55 00 | stoertebeker-brauquartier.com | €€*

❽ Versacken in der Hafenkneipe

Hanni Höpner führt Stralsunds älteste Kneipe (erstmals erwähnt 1332) **Zur Fähre:** eng, voller Erinnerungen, urig. Zu Schnaps und Bier gibt's kleine Snacks. Auch Angela Merkel war hier. **Infos:** *Fährstr. 17 | tgl. ab 18 Uhr | Tel. 03831 29 71 96 | zurfaehre-kneipe.de | €*

❾ Kaffee kaufen im Kontor

Im rustikalen Backsteingebäude aus dem 14. Jh. nahe beim Rathaus duftet es verführerisch. Im **Kontor Scheele,** laut „Feinschmecker" die beste Kaffeerösterei Mecklenburg-Vorpommerns, arbeitet man gerne mit Bio-Ware und traditionell, z. B. mit einem handbefeuerten Trommelröster. Das zugehörige Restaurant ist ebenfalls top. **Infos:** *Fährstr. 24 |*

VERLOCKENDER DUFT

Im Kontor Scheele werden erlesenste Kaffeebohnen noch auf traditionelle Art geröstet

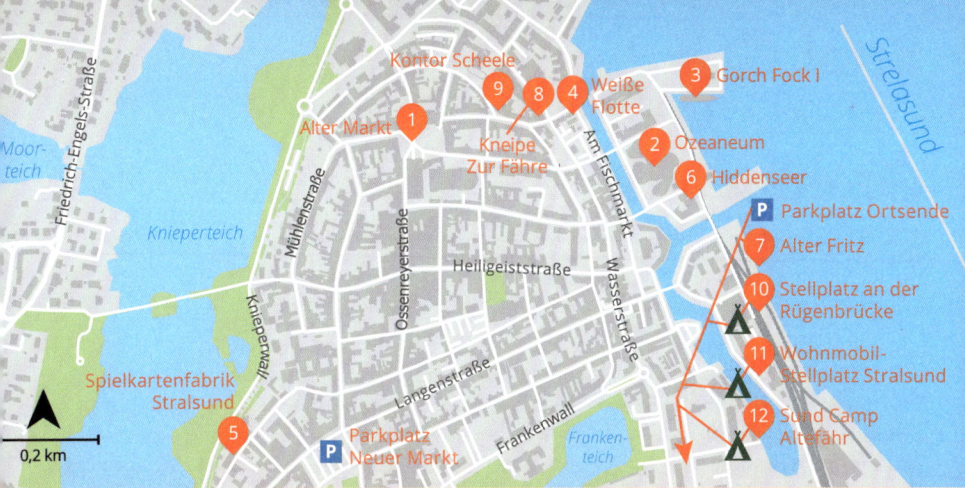

Mo–Sa 12–17, So 10–15 Uhr | Tel. 03831 2 83 31 19 | kontor-scheele.de

STELL- & CAMPINGPLÄTZE

10 In Laufweite zur City

Nur 900 m von der Autobahnabfahrt ist dieser Stellplatz trotz des nüchternen Umfelds eine gute Basis zur Erkundung der Altstadt. ÖPNV-Anschluss in der Nähe, zu Fuß gut 20 Minuten. Die Anlage ist komplett und modern ausgestattet, vom guten Sanitärhaus bis zum Brötchenservice, Reparatur- und Campingshop vis-à-vis. Ganzjährig.

Stellplatz an der Rügenbrücke

€ | Werftstraße 9a | 18439 Stralsund | Tel. 03831 6 67 97 7 |
GPS: 54.303444799999, 13.102392
▶ Größe: 70 Stellplätze

11 Schnell per Bus in der Stadt

Sauberer Stellplatz ca. 4 km südlich vom Zentrum, ein Bus zur Altstadt hält direkt vor der Tür. Auch für große Mobile geeignet, mit kleinen Grünflächen und Grillmöglichkeiten. Anfang März–Ende November.

Wohnmobil-Stellplatz Stralsund

€ || Boddenweg 3 | 18439 Stralsund | Tel. 03831 3 09 20 2 | wohnmobilstellplatz-stralsund.de | GPS: 54.2766171, 13.1098421
▶ Größe: 35 Stellplätze

12 ... oder lieber naturnah?

Dann müsst ihr ein wenig weiter fahren. Dieser Campingplatz im Grünen liegt gegenüber in Altefähr an der Westküste Rügens (jenseits der alten Strelasund-Querung Rügendamm). Günstig, wenn man ohnehin eine Tour auf Deutschlands größte Insel plant. Zufahrt besser nicht nach Navi-Empfehlung über die holprige Bahnhofstraße, sondern wie beschildert eine Abfahrt später via Bergener Straße. Anfang März–Ende Okt.

Sund Camp Altefähr

€€ | Am Kurpark 1 | 18573 Altefähr | Tel. 038306 7 54 83 | sund-camp.de
GPS: 54.33201, 13.1225596
▶ Größe: 2,3 ha, 120 Stellplätze, 30 Dauercamper

Spot 12

Greifswald
Universität mit Stadt drumherum

… so wird Greifswald gerne genannt. Kein Wunder, kommen doch rund 10 000 Studenten auf lediglich 58 000 Greifswalder Einwohner. Die vielen jungen Leute aus aller Welt prägen natürlich das bunte Leben vor Ort. Doch da gibt's noch einiges mehr. Deutschlands größten Museumshafen etwa, die opulenten Kirchen oder die allgegenwärtigen Spuren des großen Malers Caspar David Friedrich. Und einen romantischen Fischervorort findet ihr hier auch.

P Wie in allen Hansestädten die historische Altstadt mit dem Wohnmobil meiden – stattdessen bietet sich z. B. der Parkplatz Salinenstraße an (GPS 54.100982, 13.382279, auch über Nacht), über eine Brücke sind es nur wenige Gehminuten ins Zentrum. Oder zum Übernachten den zweiten Stellplatz am Museumshafen ansteuern (s. S. 107).

U30 TRIFFT Ü700

Studierende prägen das Leben der alten Hansestadt – gern auch am Rykufer nahe Museumshafen

Greifswald

AKTIVITÄTEN & SIGHTSEEING

1 Langer Nikolaus, Dicke Marie und Kleiner Jakob

So werden die mittelalterlichen Pfarrkirchen (ab 13. Jh.) im Volksmund genannt, die das Stadtbild von Greifswald prägen. Am imposantesten ist der **Dom St. Nikolai** mit seiner barocken Turmhaube (dom-greifswald.de), aber auch die große Hallenkirche **St. Marien** (marien-greifswald.de) und die kleinere **St. Jacobi-Kirche** (jacobigemeinde.info) sind schöne Orte der Andacht. Alle drei sind vom großen Marktplatz mit dem leuchtend roten **Rathaus** von 1340 (greifswald.de) und seinen Giebelhäusern schnell erreicht.

Insider-Tipp
Vom Langen Nikolaus herabblicken
Gut 250 enge Stufen im Turm der Nikolaikirche führen auf eine Außenplattform – aus 60 m Höhe reicht der Blick bis zum Greifswalder Bodden.

2 Oldtimer der Meere gucken

Decksplanken knarren, Leinen schlagen im Wind: An beiden Ryck-Ufern inmitten der Stadt liegen über 50 historische Schoner, Barkassen und Schlepper. Sie bilden damit den größten **Museumshafen** der Republik und erinnern an die Blütezeit der Segelschifffahrt Mitte des 19. Jhs. Am nördlichen Kai gibt's Fischbrötchenkutter und wird sommers gegrillt. **Infos:** Hafenstr. 31 | Tel. 03834 51 24 44 | museumshafen-greifswald.de

3 Auf Caspar David Friedrichs Spuren wandeln

Der Maler der Romantik ist der bedeutendste Sohn der Stadt (1774–1840). Das **Caspar-David-Friedrich Zentrum** in seinem Geburtshaus ist Startpunkt eines Bildwegs zu 15 wichtigen Lebensstationen und Orten, an denen seine Werke entstanden (Flyer im Zentrum erhältlich). Dazu zählt auch die berühmte, über 800 Jahre alte **Klosterruine** im Stadtteil Eldena, heute u. a. Ort für Konzerte. **Infos:** Lange Str. 57 | Eintritt 3,50 € | caspar-david-friedrich-greifswald.de

4 Einen Abstecher zum Fischerdorf Wieck machen

An der Mündung des Flusses Ryck in den Bodden, rund 6 km vom Stadtzentrum entfernt, liegt der gemütliche Stadtteil Wieck mit netten Cafés. Wahrzeichen des Fischerdorfs ist die hölzerne Klappbrücke von 1887, die hinüber nach Eldena führt. **Infos:** Fischerdorf

5 Raum für Romantik

So lautet das Motto im **Pommerschen Landesmuseum.** Dessen Galerie wird zeitnah umgebaut, unterdessen sind die Sammlungen mit Exponaten von Caspar David Friedrich, Frans Hals, van Gogh & Co im **Konventshaus** nebenan ausgestellt. **Infos:** Rakower Str. 9 | Mai–Okt. Di–So 10–18, Nov.–April bis 17 Uhr | Eintritt 5 €, Kinder 2,50 € | pommersches-landesmuseum.de

Spot 12 · Greifswald

Wieck **Parkplätze:** *Am Hafen ist Parken verboten, daher den Platz am Ortseingang ansteuern (GPS 54.096738, 13.444121), von hier sind es nur 5 Min. zu Fuß zum Hafen.*

ESSEN & TRINKEN

6 Maritim genießen in der Hornfischbar Pomeria

Direkt hinter dem Parkplatz Salinenstraße (s. S. 104) liegt dieser rot-weiße ehemalige Dampfeisbrecher (Bj. 1907) am Kai des Museumshafens. Man sitzt luftig unter Planen an Deck, und aus der Kombüse kommen leckere (Fisch-)Gerichte, z. B. Zanderfilet auf Rote-Bete-Püree. Auch Currywurst und Fischbrötchen. **Infos:** An den Ryckbrücken | Greifswald | Ostern–Okt. tgl. ab 12, im Winter ab 16 Uhr | Tel. 0171 1 72 24 00 | hornfischbar.de | €€

7 Torten und mehr

Ein gutes Frühstück, anständiger Kaffee, erstklassige Torten: Das **Caféhaus Marimar** im schönsten Schaugiebelhaus (15. Jh.) am Greifswalder Marktplatz setzt auf Qualität. Die Inneneinrichtung ist etwas altbacken, im Sommer stehen Tische unterm Sonnenschirm direkt auf dem Platz. **Infos:** Markt 11 | tgl. 10–18 Uhr | Tel. 03834 89 84 20 | €€

8 Genuss am Wieker Hafen

Hell, freundlich, mit Hafenblick – im **Büttner's** servieren Ines und Antje Büttner erstklassige 3- bis 5-Gänge-Menüs. Auch Verkauf hochwertiger, hausgemachter Produkte. **Infos:** Am Hafen 1a | Fischerdorf Wieck | Di–Do ab 17.30, Fr–So ab 12 Uhr | Tel. 03834 8 87 07 37 | buettners-restaurant.de | €€€ **Parkplätze:** am Hafen nicht erlaubt, besser am Ortseingang (GPS 54.096738, 13.444121), gut 5 Min. zu Fuß zum Hafen

SCHIFFRECYCLING

Dampf macht der ehemalige Dampfeisbrecher heute nur noch in der Kombüse der Hornfischbar Pomeria

EINKAUFEN

9 Stöbern in der Rats- und Universitätsbuchhandlung

Diese relativ kleine, gemütliche Buchhandlung nahe Dom ist erste Anlaufstelle für alle, die gerne nach alter und neuer Literatur stöbern. *Infos:* Lange Str. 77 | Mo–Fr 9–19, Sa 10–16 Uhr | rats-unibuch. buchhandlung.de

STELL- & CAMPINGPLÄTZE

10 Günstig am Ufer der Ryck

Stellplatz im hinteren Teil eines großen Parkplatzes am Flussufer. Zwar gibt es keinerlei Serviceeinrichtungen, dafür ist die schöne Altstadt über eine Fußgängerbrücke in Nu erreicht. Imbiss und Restaurants nahebei. 5 € pro Nacht. Ganzjährig.

Stellplatz Ladebower Chaussee
€ | Ladebower Chaussee 11 | 17493 Greifswald
GPS: 54.100791699999, 13.382089
▶ *Größe: 15 Stellplätze*

11 Stadtnah und praktisch

Etwas eng, aber voll ausgestattet, nahe Museumshafen und Altstadt. Reparaturservice, ÖPNV-Anschluss in der Nähe. Ganzjährig.

Caravan und Camping am Museumshafen
€ | Marienstr. 9 | 17489 Greifswald
Tel. 03834 51 21 01 | ferien-fasten.de
GPS: 54.0984262, 13.3895351
▶ *Größe: 20 Stellplätze*

12 Blick über den Bodden

Kleiner, feiner Campingplatz am Stadtrand, direkt an der Dänischen Wiek. Unparzellierte Stellplätze auf grüner Wiese und gepflegte Sanitäranlagen, zum kleinen Strandbad Eldena ist es nicht weit. Gut 5 km zum Zentrum. April–Okt.

Camping an der Dänischen Wiek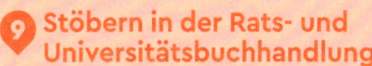
€€ | Wolgaster Landstr. 47 | 17489 Greifswald |
Tel. 03834 5 35 52 80 | camping-greifswald.de
GPS: 54.087218, 13.458518
▶ *Größe: 2 ha, 90 Stellplätze, 10 Dauercamper*

WEISSE KREIDE MIT GRÜNER HAUBE

Von weitem leuchten die Rügener Kreidefelsen in der Sonne, darauf thront ein Welterbe-Buchenwald

Tour

Wie ein kleiner Kontinent
Einmal rund um die Insel Rügen

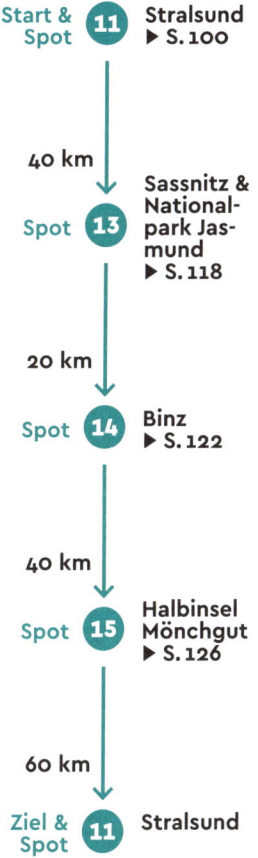

Start & Spot	**11** Stralsund ▶ S. 100
40 km	
Spot	**13** Sassnitz & Nationalpark Jasmund ▶ S. 118
20 km	
Spot	**14** Binz ▶ S. 122
40 km	
Spot	**15** Halbinsel Mönchgut ▶ S. 126
60 km	
Ziel & Spot	**11** Stralsund

Eine Bäderarchitektur zum Niederknien, die vielleicht schönste Seebrücke der Welt, aber auch stille, grüne Landstriche, in denen Kraniche und Co. die Hauptdarsteller sind. Auf Deutschlands größter Insel ist – mit Ausnahme hoher Berge – alles zu finden. Du kannst entlang spektakulärer Kreidefelsen wandern, an ruhigen Buchten relaxen und nur ein paar Fahrminuten später durch schicke Badeorte bummeln. Und dazu die herrlichen Strände – oft sogar in Karibik-Qualität!

Strecke 285 km

Reine Fahrzeit 6 Std. 20 Min.

Streckenprofil Meist eben, viele Alleestraßen, oft sehr schmal und in Orten extrem holprig (Kopfsteinpflaster).

Empfohlene Dauer 5–7 Tage

Anschlusstouren
D

FACTS

Tour E im Überblick

Tour-Highlights

Zum **Königsstuhl** und **Nationalpark-Zentrum Jasmund** wandern ▶ S. 119

Rügens **Kreideküste** *vom Schiff aus* in der Sonne leuchten sehen ▶ S. 120

Auf dem *Baumwipfelpfad* das **Buchenwald-Welterbe** durchstreifen ▶ S. 123

Wenn er nicht da ist, ruf den *Fährmann* herbei und lass dich **über die Bek** nach Moritzdorf rudern ▶ S. 127

Sassnitz & Nationalpark Jasmund S. 118

Binz S. 122

Halbinsel Mönchgut S. 126

E Tourenverlauf

LOS GEHT'S!

Start & Spot — 11

Stralsund
Die alte Stadt und das Meer ▶ S. 100

30 km

Von Stralsund geht es über die gut 4 km lange Rügenbrücke mit ihrem fast 130 m hohen eleganten Pylon auf die Insel. Hier führt die B 96 (im Sommer oft Stau!) an Rambin und Samtens vorbei ins Inselinnere. Kurz vor Bergen verzweigt sich die Bundesstraße, ihr folgt der B 196 Richtung Binz zunächst in die „Inselhauptstadt" Bergen.

Bergen
Die hübsche und gemütliche Kleinstadt ist zwar kein Aufreger, aber durchaus einen Zwischenstopp wert. Schon wegen der **Marienkirche** von 1180 mit der Turmuhr, deren Zifferblatt wegen eines Handwerkerfehlers eine 61-Minuten-Teilung hat *(kirche-bergen.de)*, oder dem kleinen **Marktplatz** samt Rathaus und Touristen-Info *(Markt 23, stadtinfo-bergen-ruegen.de)*. Im angrenzenden Klosterhof sind das **Stadtmuseum** *(stadtmuseum-bergen-auf-ruegen.de)* und eine Schauwerkstatt untergebracht. Einen tollen Blick über den Ort hast du von der **Glaskuppel des Aussichtsturms** von 1876 auf dem bewaldeten Rugard-Berg *(Mai–Okt. tgl. 10–18 Uhr)*, unweit davon bieten ein **Kletterwald** und die **Inselrodelbahn** Bewegung und Spaß für Klein und Groß.

🅿 *Etwa Parkplatz am Rugard (GPS 54.421675, 13.441048), für kleine Kastenwagen auch am Marktplatz (GPS 54.418098, 13.433454).*

15 km

Wenn du in Bergen die Gingster Chaussee/L 301 (später L 30) stadtauswärts und dann über eine Alleestraße fährst, kommst du in rund 20 Minuten nach Gingst.

Gingst
Warum dieser kleine Ort (1300 Ew.) als Rügens schönstes Dorf ausgezeichnet wurde, verstehst du schnell angesichts des romantischen **Marktplatzes** mit alter Apotheke, feinem Buchladen und opulent ausgestatteter Jacobikirche. Ein Stück heile Welt. Sehenswert sind auch die **Historischen Handwerksstuben** mit originalgetreu nachgebauten Werkstätten, etwa Schuster- und Tischlerbetriebe *(tgl. 10–17 Uhr, im Winter eingeschränkt | Karl-Marx-Str.19 | Eintritt 3 €)*.

🅿 *Etwa gegenüber vom Kirchplatz (GPS 54.456763, 13.258620) oder an den Handwerksstuben (GPS 54.455768, 13.257920).*

Einmal rund um die Insel Rügen E

Dann nichts wie hin zum einzigen Freizeitpark der Insel – der Rügenpark (April–Anfang Nov. | ruegenpark.de) bietet tolle Fahrgeschäfte und Miniaturen.

8 km | Folge der Ummanzer Chaussee einige Kilometer in Richtung Nordwesten bis zu einer alten 250 m langen Brücke. Sie führt nach Waase auf der Insel Ummanz, auch Rügens kleine Schwester genannt.

Insel Ummanz
Raus aus dem Wohnmobil, rein in die Natur: Die flache Insel (ca. 270 Ew.) bedeutet Rad oder Kajak fahren, Surfen lernen *(ummaii.de)* und Vögel beobachten, etwa die Kraniche, die hier im Frühjahr und Herbst Rast machen. Im winzigen Ort **Waase** steht seit 1520 die schöne Marienkirche. Kurz hinter Ummanz könnt ihr noch einen Abstecher nach rechts zum **Erlebnisbauernhof Lange** *(bauerlange.de)* machen. Mit Hofladen, Meckerziegen nund Schweinekino.

24 km | Von der Insel Ummanz geht es zurück über Gingst, kurz dahinter links ab über die L30/L302 in nordwestliche Richtung nach Schaprode.

Schaprode
Der Fährhafenort bietet einige Gasthöfe, einen Campingplatz *(camping-schaprode.de)* und ansonsten jede Menge Parkflächen *(Womo*

FERNREISENDE DER LÜFTE

Auf Ummanz könnt ihr auf geführten Touren den majestätischen Flug der Kraniche beobachten

E Tourenverlauf

5,50 €, ab 2 Tage 4 €/Tag) – er ist nämlich der Haupthafen für Überfahrten zur Insel Hiddensee (weitere Abfahrtsorte s. u.).

Hiddensee

Top zumindest für einen Tagesausflug: Die Insel (17 km lang, maximal 3,7 km breit und am Bakenberg 72 m hoch) ist ein Lieblingsziel von Künstlern und Individualisten. Es gibt keine Privatautos, dafür schneeweiße Strände, viel unberührte Natur, einen markanten Leuchtturm und urige Dörfer wie den Hauptort **Vitte** mit Nationalparkhaus. Man nutzt den Inselbus, die Füße oder nimmt das Fahrrad. Und bedauert allenfalls, dass das Womo nicht mitkommen durfte.

i *Einfache Fahrt 11,20 €, Rückfahrkarte 18,30 €, Fahrrad 4,50 € | reederei-hiddensee.de | ab Schaprode täglich bis zu 12 Abfahrten nach Vitte, Kloster und Neuendorf, Fahrtzeit 20–45 Minuten. Fähren nach Hiddensee u. a. auch von Stralsund, Wiek, Breege und Dranske.*

30 km Von Schaprode fährst du über die L 302 zurück, biegst in Trent links auf die L 30 ab und erreichst kurz darauf die **Wittower Pendelfähre,** die dich samt Wohnmobil in wenigen Minuten über den Rassower Strom bringt *(ganzjährig tgl., erste Abfahrt 5.50, letzte Abfahrt 21 [Winter 19] Uhr, einfache Fahrt 5,80 € [bis 5 t] | weisse-flotte.de).* Über **Wiek** mit nettem Boddenhafen ist dann bald Dranske erreicht.

Dranske

Der schmucklose ehemalige Marinestützpunkt der NVA wurde durch eine Seebrücke und Cafés aufgepeppt. Seine Highlights sind aber der schöne Womo-Stellplatz **Caravan Camp Ostseeblick** *(caravan camp-ostseeblick.de)* und die einsame **Halbinsel Bug,** die rund 6 km südlich von Dranske beginnt, zum Nationalpark Vorpommersche Boddenlandschaft gehört und nur auf geführten Wanderungen betreten werden darf *(Anmeldung unter Tel. 038300 6 80 41).*

17 km Von Dranske geht es auf demselben Weg zurück bis zur L 30, beim Dorf **Altenkirchen** mit schöner Pfarrkirche aus dem 12. Jh. dann nach links auf eine schmale Alleestraße in Richtung Putgarten/Kap Arkona.

Kap Arkona

Kurz vor **Putgarten** ist Schluss, ab hier ist Fußgängerzone. Zum berühmten Kap Arkona sind es noch 2 km, die du auch bequem per Kutsche oder Bimmelbahn zurücklegen kannst. Dort warten außer dem

Einmal rund um die Insel Rügen

Neuen Leuchtturm mit Aussichtsplattform in 28 m Höhe der kleinere **Schinkelturm** von 1826 samt **Museum** zum Architekten Karl Friedrich Schinkel, der **Marinepeilturm** mit Schmuckatelier, zwei Marinebunker der NVA sowie Überreste der Jaromarsburg *(kap-arkona.de)*. Auf dem Rückweg zum Parkplatz lohnt ein Umweg entlang der Küste über das denkmalgeschützte Fischerdorf **Vitt** mit einigen reetgedeckten Häuschen und ca. 20 Einwohnern – sehr romantisch!

P *Großparkplatz am Ortseingang von Putgarten (GPS 54.671291, 13.409658, auch über Nacht).*

19 km | Von Putgarten aus fährst du auf selber Strecke zurück nach Altenkirchen und dort links ab auf die L 30. Nach kurzer Zeit ist der Doppelort **Breege-Juliusruh** mit seinem kleinen Boddenhafen erreicht. Dort beginnt die 12 km lange Nehrung Schaabe, die im Ort Glowe als Tor zur Halbinsel Jasmund endet.

Die Schaabe

Ein rund 10 km langer, weißer und bis zu 50 m breiter Strand, davor türkisfarbenes Wasser à la Karibik, dahinter Dünen und Kiefernwäldchen und ansonsten nichts als Sonne und saubere salzhaltige Luft – schöner kann ein Badeziel kaum sein. Proviant mitnehmen!

P *Die Parkplätze an der L 30 sind zumindest im Sommer für Womos gesperrt. Besser in Juliusruh (GPS 54.623987, 13.373610) oder in Glowe (GPS 54.568520, 13.458999, auch über Nacht) parken und sich per Rad oder zu Fuß auf den Weg zum Strand machen.*

22 km | Nach einem Abstecher in den Hafenort Lohme geht es auf der L 303 durch den Nationalpark Jasmund bis ins bunte Seebad Sassnitz.

Spot 13 — Sassnitz & Nationalpark Jasmund
Grüner Wald und weiße Pracht ▶ S. 118

20 km | Von Sassnitz folgt ihr zunächst der B 96, die am großen modernen Fährhafen in die L 29 übergeht. Kurz darauf liegt rechts der **Parkplatz Feuersteinfelder** (GPS 54.476964, 13.571565), von dem aus ihr bequem zu Fuß einen tollen Fundort für „Hühnergötter" (Feuersteine mit Loch) und „Donnerkeile" (fossile Schalen) erreicht. Über die Nehrung **Schmale Heide** geht es später weiter auf der L 29 ins **Seebad Binz**.

E Tourenverlauf

Spot **14** | **Binz**
Mit einem Hauch von Côte d'Azur ▶ S. 122

13 km | Von Binz führt die L 29 nun ein Stück weit landeinwärts und mündet auf die B 196, auf die du links einbiegst. Nach wenigen Kilometern folgt dann links der Abzweig nach Sellin.

Sellin

Sellin ist mit seiner weißen Bäderarchitektur vom Feinsten sowie der schicken Flaniermeile **Wilhelmstraße** mit ihren Geschäften und Villen ein Ostseebad par excellence. Highlight ist die wohl schönste **Seebrücke** des Ostseeraums (oder der Welt): 394 m lang und mit schlossähnlichem Pavillon und Restaurant sowie **Tauchgondel** an ihrem Ende. Die „Himmelstreppe" mit 99 Stufen und ein Aufzug führen von der zentralen Wilhelmstraße hinunter zum Strand.

P *Großparkplatz Sellin (GPS 54.371975, 13.695877), über Nacht auf dem Reisemobilhafen Sellin (GPS 54.371844, 13.702501).*

 Sellins Seebrücke ist am schönsten bei Sonnenaufgang. Frühaufsteher haben den besten Blick vom oberen Ende der Himmelstreppe.

27 km | Von Sellin führt die B 196 auf die stille, beschauliche Halbinsel Mönchgut bis hin zu ihrem südlichsten Ort Thiessow.

Spot **15** | **Halbinsel Mönchgut**
Rügen kann auch ganz leise ▶ S. 126

26 km | Auf der B 196 verlässt du nun die Halbinsel Mönchgut über Sellin Richtung Westen. Kurz vor dem Ort Serams biegt die Route links ab auf die L 29, über die dann in rund 20 Minuten Putbus erreicht ist.

Putbus

Weiß, weißer, Putbus: Um den kreisrunden **Circus** dieser klassizistischen Residenzstadt herum ließ der örtliche Fürst ab 1810 viele schneeweiße Bürgerhäuser errichten. In der Mitte dieses Rondellplatzes erhebt sich ein Obelisk. Nebenan liegen der **Schlosspark** samt Orangerie, Marstall und großen Rosenhainen sowie der **Markt** mit Theater und Uhrenmuseum. Schön ist ein Abstecher ins 3 km südöst-

Einmal rund um die Insel Rügen E

lich gelegene Fischerdorf **Lauterbach** am Greifswalder Bodden – von hier starten auch geführte Touren auf die Urwald-Insel **Vilm** *(vilmexkursion.de)*.

🅿 In Putbus am Schlosspark nahe Marstall (GPS 54.347908, 13.473967), in Lauterbach nahe Hafen und Bahnhof des Dampfzugs Rasender Roland (GPS 54.345117, 13.501416).

Insider-Tipp
Beste Fischbrötchen an der Ostsee

Das behaupten jedenfalls die Betreiber des „Räucherschiffs Berta" (GPS 54.341692, 13.499685) im Lauterbacher Hafen – könnte stimmen!

34 km Von Putbus geht es nun auf der L 29 in südwestliche Richtung durch den mittelalterlich anmutenden Ort **Garz** mit Ernst-Moritz-Arndt-Museum *(stadt-garz-ruegen.de)* und slawischem Burgwall sowie über **Poseritz** zum alten Rügendamm – der führt unterhalb der Rügen-Hochbrücke wieder nach Stralsund, dem Start- und Endpunkt dieser Tour.

Ziel & Spot ⑪ **Stralsund**
Die alte Stadt und das Meer ▶ S. 100

TAUCHEN OHNE NASS ZU WERDEN

Mit der Tauchgondel am Ende von Sellins Seebrücke bleibt ihr auch unter Wasser trocken

Spot 13

Sassnitz & Nationalpark Jasmund
Grüner Wald und weiße Pracht

Blendend weiß leuchtet der Königsstuhl in der Sonne, Motiv für Caspar David Friedrichs berühmtes Gemälde und für unzählige Urlaubsfotos. Die bis zu 118 m steil aufragenden Kreideklippen an Rügens Nordostküste gehören zum Nationalpark Jasmund. Deutschlands kleinster Nationalpark schützt außerdem den größten zusammenhängenden Buchenwald an der Ostseeküste. Die Farbe Weiß begegnet dir südlich des Parks auch im Seebad Sassnitz, der „Weißen Stadt" mit 9400 Einwohnern, Villen im Bäderstil und einem alten Stadthafen.

ÜBER DEN WIPFELN

Am sogenannten Adlerhorst startet der Baumwipfelpfad im Nationalpark Jasmund

AKTIVITÄTEN & SIGHTSEEING

1 Zum Nationalpark-Zentrum und Königsstuhl wandern

Vom Parkplatz an der L 303 sind es gut 3 km zur berühmten Kreideklippe und zum Nationalpark-Zentrum (Zufahrt für Privatwagen verboten). Der alte Buchenwald der Stubbenkammer genannten Region zählt zu den fünf ältesten Buchenwäldern Deutschlands, gehört zum Weltnaturerbe der Unesco und bildet samt Königsstuhl den **Nationalpark Jasmund.** Wenn du dich an den Steilklippen sattgesehen hast, warten im Nationalpark-Zentrum informative Ausstellungen und ein Multivisionskino. **Infos:** Stubbenkammer 2a | Sassnitz | Ostern–Okt. tgl. 9–19, Nov.–Ostern 10–17 Uhr | Eintritt 9,50 €, Kinder 4,50 € | koenigsstuhl.com | Pendelbus vom Großparkplatz, Buslinie 23 ab Sassnitz **Parkplätze:** Großparkplatz Hagen an der L 103 (GPS 54.562187, 13.624234)

2 Pulsierende Treiben im Stadthafen erleben

Touristisches Zentrum von Sassnitz ist der alte Hafen. Aus vielen Restaurants strömt der Duft von gebratenem Fisch, an der langen Mole liegen Kutter, Yachten, kleine Ausflugsdampfer (große Fährschiffe 5 km südlich im Hafen Neu Mukran) und die Touristen-Info. Sehenswert ist das **Fischerei- und Hafenmuseum** mit vielen nautischen Exponaten und dem Museumskutter „Havel" am Kai. **Infos:** Im Stadthafen | Museum tgl. 11–17 Uhr, im Winter eingeschränkt | Eintritt 5 €, Kinder 3 € | hafenmuseum.de **Parkplätze:** Direkt im Stadthafen (GPS 54.514287, 13.645432, auch über Nacht) oder Parkplatz Kreidefelsen (GPS 54.521450, 13.651496).

Insider-Tipp
Trockenen Fußes übers Wasser wandeln

Dann lauf vom Hafenkai über die längste Außenmole Europas (1450 m!) zum grün-weißen Leuchtturm – er blinkt bereits seit 1937.

3 Flanieren am Strand

Östlich an den Stadthafen schließt sich die schöne **Strandpromenade** an – knapp einen Kilometer flanierst du hier an netten Restaurants vorbei ins alte Zentrum von Sassnitz mit seiner Bäderarchitektur rund um den Markt. **Infos:** Strandpromenade

4 U-Boot-Feeling schnuppern

Das 90 m lange, aber nur 8 m breite ausgemusterte britische U-Boot „MS Otus" (Bj. 1963) im Stadthafen von Sassnitz ist nichts für Menschen mit Platzangst. Wo einst 68 Seeleute in Tiefen bis zu 300 m zurechtkommen mussten, kannst du – heute über dem Meeresspiegel – viel über Technik und Bedeutung des ehemaligen Kriegsschiffes erfahren. **Infos:** Hafenstr. 18 | tgl. 10–16 Uhr | Eintritt 8 €, Kinder 4,50 € | hms-otus.com

Spot 13 · Sassnitz & Nationalpark Jasmund

5 Kreidefelsen in Sicht!

Der ultimative Blick: Eine bessere Sicht auf die Kreidefelsen als vom Schiff aus gibt's nicht! Touren ab Stadthafen, Infos dort (mehrere Anbieter). *Infos: Strandpromenade 12 | insassnitz.de*

ESSEN & TRINKEN

6 Rügens längste Fischtheke

In der **Kutterfisch Manufaktur** dreht sich naturgemäß alles um Fisch. Hier kannst du aussuchen, welchen Fisch die Köche gleich für dich zubereiten. Dabei kommen Kreationen wie z. B. Chefs Liebling (Zanderfilet an Erbsenstampf) oder Strammer Lachs auf den Tisch. Selbstbedienung, rustikal, gut. Man bietet auch Angeltouren an. *Infos: Hafenstr. 12 d | tgl. 8–20 Uhr, im Winter eingeschränkt | Tel. 038392 5 13 30 | sassnitz.kutterfisch.de | €€*

7 Tafeln bei König Gustav

Das Lokal liegt zwar wenig königlich an der Hauptstraße, ist dafür gediegen und gemütlich eingerichtet. Die Speisen mit skandinavischen Akzenten halten mit dem Ambiente mit, wie etwa Eismeer-Kabeljau oder in Rotwein geschmorte Ochsenbäckchen. Der Name ehrt den einstigen schwedischen Regenten, der zeitweise auch über Rügen herrschte. *Infos: Hauptstr. 10 a | tgl. außer Mi 12–22, Do/So erst ab 17 Uhr | Tel. 038392 2 23 59 | koenig-gustav.de | €€–€€€*

8 Mehr Meer geht nicht

Im **Haus Fährblick** ist der Name Programm: Ihr sitzt in bürgerlichem Ambiente (im Sommer auch draußen) an der Strandpromenade mit Ostseeblick bei Rügener Fischsuppe oder der Fischplatte Seebär, danach vielleicht noch ein Sanddorn-Mousse. Solide und

QUAL DER WAHL

In der Kutterfisch Manufaktur könnt ihr den Fisch, der gleich für euch zubereitet wird, selbst aussuchen

Sassnitz & Nationalpark Jasmund

gut. **Infos:** *Strandpromenade 5 | Fr–So ab 12.30, Mi/Do ab 14 Uhr | Tel. 038392 2 29 01 | faehrblick.de | €€–€€€*

EINKAUFEN

9 Alles für Hobby- und Profiseebären

Wasser- und winddichte Funktionskleidung gefällig? Neues Angelzeug oder eine stilechte Mütze? Vielleicht ein maritimes Souvenir? Gibt's alles bei der **Schiffsausrüster GmbH** am Stadthafen. **Infos:** *Hafenstr. 12 h | tgl. 9–17, Sa bis 16 Uhr, im Winter So geschl. | schiffsausruester.net*

STELL- & CAMPINGPLÄTZE

10 Schön im Grünen

Dieser kleine, familiäre Waldcampingplatz ist umgeben von über hundert Jahre alten Buchen und bietet teilweise einen herrlichen Ausblick über die Bucht Tromper Wiek bis zum Kap Arkona. Nur knapp eine Stunde Fußmarsch von den berühmten Kreideklippen entfernt. Gut ausgestattet, es gibt auch Schattenplätze und das nette Restaurant Zur Spechthöhle. Ruhig und ideal zum Radfahren und Wandern. Nach Sassnitz etwa 9 km. Ende März–Ende Okt.

Krüger Naturcamping

€€ | Jasmunder Str. 5 | 18551 Lohme OT Nipmerow

Tel. 038302 92 44 | ruegen-naturcamping.de
GPS: 54.570226100000, 13.605617

▸ *Größe: 4 ha, 200 Stellplätze*

11 Stellplatz zum Königsstuhl

Großer Platz neben dem öffentlichen Besucherparkplatz zum Nationalpark-Zentrum Königsstuhl, von hier 3 km zu Fuß oder per Pendelbus zu den Steilklippen. Nach Sassnitz 8 km, ÖPNV-Anschluss direkt am Stellplatz. Imbiss und Souvenirshop. Ganzjährig.

Stellplatz am Königsstuhl

€ | Stubbenkammerstr. 57 | 18551 Lohme
Tel. 038302 94 12
GPS: 54.562305599999, 13.6216349

▸ *Größe: 40 Stellplätze*

Spot 14

Seebadeort Binz
Mit einem Hauch von Côte d'Azur

Dieses Seebad gilt vielen als Sinnbild der Insel Rügen: Binz (rund 5100 Ew.) ist schick, hat einen tollen Strand, ganz viel Stil und wird nicht umsonst gerne als Nizza des Nordens bezeichnet. Ein Ort, an dem das gute Leben wohnt. Kontrastprogramm ist das nördlich gelegene Prora, das politisch zu Binz gehört und unterschiedlicher nicht sein könnte – der rund 5 km lange Monsterwohnblock aus Stahl und Beton dokumentiert ein Stück Zeitgeschichte. Beklemmend.

P *Stadtnah etwa Zentrum (GPS 54.403176, 13.600448), Klünderberg (GPS 54.396785, 13.616405, holprig) oder Strand Nord (GPS 54.416617, 13.590469)*

KLASSE STATT MASSE

In Binz erstrahlt die alte Bäderarchitektur in vollem Glanz – Anschauen von der Seebrücke kostet (noch) nichts

AKTIVITÄTEN & SIGHTSEEING

1 Bäderarchitektur statt Bettenburgen

Ein Bummel über die **Strandpromenade** und durch die Seitenstraßen von Binz verzückt Architekturfans und Romantiker, denn die weißen Prachtbauten und Villen sind über und über mit Türmchen, Erkern, Giebelchen, Balkonen und gusseisernen Geländern verziert. Highlight ist das weithin sichtbare, dreiflügelige **Kurhaus** von 1908, ganz dem Meer zugewandt – stilvoller kannst du den Kaffee auch in Nizza nicht genießen.

2 Von der Seebrücke zum Müther-Turm spazieren

Die Seebrücke von Binz wurde erst 1994 eröffnet (Naturgewalten hatten die vorherigen zerstört) und ragt 370 m(!) in die Ostsee hinein – frischer Wind gratis! Ein Stück weiter am schönen Strand entlang triffst du auf ein eiförmiges Gebilde in den Dünen, das gegenüber den Bädervillen wie ein Ufo wirkt. Der heimische Architekt Ulrich Müther hatte den kieselförmigen Bau einst als Rettungsturm entworfen – heute ist er eine Außenstelle des Binzer Standesamts!

3 Zum Koloss von Prora

Am kilometerlangen, feinen **Strand** von Prora erstreckt sich dieser fast 5 km lange, bis zu sechs Stockwerke hohe Gebäudekomplex aus der Nazizeit, der für 20 000 Urlauber geplant und nie ganz fertiggestellt wurde. Längst ist neues Leben in den denkmalgeschützten Koloss eingezogen, das vom **Dokumentationszentrum** *(proradok.de)*, der **Kulturkunststatt Prora** *(kulturkunststatt.de)* und einem **Oldtimer-Museum** *(oldtimer-museum-ruegen.de)* gefüllt wird. Auch Luxusapartments und Hotels gehören dazu. *Infos: Prora Strand* **Parkplätze:** *tagsüber vor dem Oldtimer-Museum (GPS 54.444585, 13.565834) oder auf dem Stellplatz Wohnmobilhafen Prora (s. S. 125).*

4 Auf dem Baumwipfelpfad durch den Buchenwald

Vom 1250 m langen Baumwipfelpfad und dem 40 m hohen Aussichtsturm Adlerhorst schaust du weit über den Buchenwald und die dahinter liegende Ostsee. Im **Naturerbe Zentrum Rügen**

5 Märchenschloss zu besichtigen

Was für ein Anblick: Auf dem Höhenzug Granitz bei Binz thront in 107 m Höhe das **Jagdschloss Granitz** (nur zu Fuß oder per Shuttle erreichbar). Das spätklassizistische Anwesen mit 38 m hohem Aussichtsturm – hinauf geht es über eine lange Wendeltreppe – wurde Mitte des 19. Jh. von Karl Friedrich Schinkel erbaut. Mit der Besichtigung der festlichen Säle und Salons kannst du problemlos einen ganzen Tag verbringen. *Infos: GPS 54.380583, 13.627384 | tgl. 10–17 Uhr, im Winter eingeschränkt | Eintritt 6 €, Kinder frei | jagdschloss-granitz.de*

Spot 14 · Seebadeort Binz

gibt es Ausstellungen u. a. zur heimischen Flora und Fauna. **Infos:** *Forsthaus Prora 1 | tgl. 9.30–16 Uhr, im Sommer länger | Eintritt 11 €, Kinder 8,50 € | nezr.de* **Parkplätze:** *am Eingang*

ESSEN & TRINKEN

6 Strandhalle mit Stil

Außen schneeweiß, innen himmelhoch mit Kristalllüster. Das **Restaurant Strandhalle** im über 100 Jahre alten ehemaligen Tanzlokal gehört zu den schönsten Adressen in Binz, ohne dabei vornehm zu tun. Du kannst wählen zwischen feinen Varianten rustikaler Hausmannskost (z. B. Edel-Labskaus) oder einfach nur einen Apfelkrapfen mit Kaffee am Nachmittag. **Infos:** *Strandpromenade 5 | tgl. 12–22 Uhr | Tel. 038393 3 15 64 | strandhalle-binz.de | €€€*

7 So wie früher

Wenn du **Oma's Küche** betrittst, fühlst du dich gleich in alte Zeiten versetzt. Hier sitzt du in einem von neun liebevoll mit Dingen von Annodazumal eingerichteten Stübchen, die Salonwagen oder Puppenstube heißen. Gekocht wird nach Omas alten Rezepten. **Infos:** *Proraer Chaussee 2 a | tgl. 11.30–22 Uhr (abends keine Kleinkinder) | Tel. 038393 1 35 56 | omas-kueche-binz.de | €€*

> **Insider-Tipp**
> **Abholung mit Omas Töff Töff**
> *Wer abends bei Oma's einen Tisch reserviert, wird auf Wunsch kostenfrei im alten London-Taxi am Binzer Stell- oder Campingplatz abgeholt!*

8 Tafeln im Jagdschloss

In der **Alten Brennerei** des Schlosses Granitz speist ihr in historischem

WALDINSEL

Mitten im Grünen und nah zum Strand von Prora liegt Camping Meier

Seebadeort Binz

Ambiente, das urige Gewölbe im Keller des Anwesens ist filmreif. Von Griebenschmalz mit Ritterbrot bis Wildbraten an Pilzsoße wird zünftig aufgetischt. *Infos:* Jagdschloss Granitz | tgl. 10–18 Uhr | Tel. 038393 3 28 72 | alte-brennerei.com | €€–€€€ *Parkplätze:* Binz Ost (GPS 54.391135, 13.615421), dann weiter per Shuttleexpress oder 30 Min. zu Fuß

EINKAUFEN

9 Fischers Fritz …

In der **Fischräucherei Kruse** wird der Fang der Rügener Fischer über Buchenholz geräuchert: Butterfisch, Makrele, Stremellachs und Butt. Auch zum Vor-Ort-verzehren. *Infos:* Am Fischerstrand | tgl. 15–19 Uhr | Tel. 038393 29 70 | fischraeucherei-kruse.de

STELL- & CAMPINGPLÄTZE

10 Schnell per Rad an den Strand

Etwas nördlich von Binz liegt dieser gepflegte, gut ausgestattete Platz im Grünen. Per Fahrrad (Verleih am Platz) ist man schnell in Binz oder am Strand von Prora. Vor Ort kein Supermarkt, aber Brötchenservice und schöne Gaststätte Zur Mücke. Bushaltestelle in der Nähe. Anfang April–Ende Okt.

Camping Meier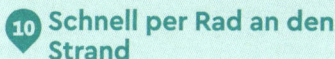

€€ | Proraer Chaussee 30 | 18609 Ostseebad Binz/OT Prora

Tel. 038393 20 85 | camping-meier-ruegen.de | GPS: 54.423140399999, 13.5780923

▶ *Größe: 3,5 ha, 135 Stellplätze*

11 Nahe am Koloss von Prora

Dieser große Platz liegt am Ortsrand von Prora direkt an der L 29. Gute Ausstattung, mit Hofladen und Restaurant Holla die Waldfee. Jeweils 30 Min. zu Fuß zum Strand und zum Dokumentationszentrum. Ganzjährig.

Wohnmobil-Oase Prora

€ | Proraer Chaussee 60 | 18609 Binz/OT Prora
Tel. 038393 69 97 77 | wohnmobiloase-ruegen.de | GPS: 54.4485914, 13.5601429

▶ *Größe: 165 Stellplätze*

Spot 15

Halbinsel Mönchgut
Rügen kann auch ganz leise

Hügelige Landzungen, die weit in die Ostsee hineinragen, kleine Buchten und weiße Strände, stille Wege durch Weideland – die Halbinsel Mönchgut im Südosten von Rügen ist so ganz anders als mondäne Seebäder wie Binz oder Sellin. Neben kleinen Badeorten gibt es abseits der Küste urige Dörfer mit uralten Kirchen und Dorfschänken, dazu viel Platz in der Natur. Ideal, um bei einer Wohnmobil-Rundtour einen ruhigen Tag zu verbringen – passende Plätze dafür gibt es genug.

BEI BEDARF LÄUTEN

Nach Moritzburg kommt man noch immer per Ruderfähre. Ist sie gerade am anderen Ufer, einfach mit der Glocke herbeirufen

Halbinsel Mönchgut E

AKTIVITÄTEN & SIGHTSEEING

1 Über die Bek rudern lassen

Gleich hinter dem Seebad Baabe (knapp 900 Ew.), dem Tor zur Halbinsel Mönchgut, zweigt die Bollwerkstraße nach rechts zum Ende des Wasserlaufs Baaber Bek ab. Hier wartet die winzige **Personenfähre** oder kann mit einer Glocke vom anderen Ufer herbeigerufen werden. Wie schon 1891 rudert ein Fährmann maximal 15 Passagiere rund 50 m weit hinüber nach **Moritzdorf,** wo sommers eine nette Gaststätte zum Einkehren wartet. *Infos: Personenfähre Moritzdorf | Sellin* **Parkplätze:** *am Hafen Baabe (GPS 54.351309, 13.688248)*

2 Mit dem Dampfzug von Göhren nach Binz zuckeln

Das Zentrum des kleinen Badeorts **Göhren** (rund 1200 Ew.) liegt auf einer Anhöhe am Nordperd, dem östlichsten Zipfel von Rügen. Neben netten Restaurants an der Promenade lockt hier eine echte Attraktion: Hier startet der **Dampfzug Rasender Roland,** um mit Tempo 30 stinkend, puffend und zischend tagsüber stündlich (in der Nachsaison alle zwei Stunden) via Baabe und Sellin nach Binz und im Sommer auch weiter bis Putbus zu zuckeln, Fahrzeit dann knapp 90 Minuten. Mit der Tageskarte kannst du beliebig hin- und herfahren. *Infos: Zentrum | Göhren | ruegensche-baederbahn.de* **Parkplätze:** *Göhren Seebrücke (GPS 54.346153, 13.740366), Zentrum (GPS 54.343986, 13.742776)*

3 Auf den Thiessower Lotsenturm klettern

Der kleine Ort **Thiessow** (knapp 400 Ew.) am südlichen Ende der Mönchgut-Halbinsel gibt sich unaufgeregt mit seinem kleinen Hafen und der vorgelagerten Landzunge Klein Zicker (schön zum Spazierengehen). Vom alten Lotsenturm (Bj. 1909) hat man einen tollen Blick über die Küste und kann danach im nahen Café (Strandpromenade 1) einkehren. *Infos: Thiessow | 1 €* **Parkplätze:** *Südstrand (GPS 54.276327, 13.720493)*

Insider-Tipp
Pause am Traumstrand

An der L 292 vor Thiessow (GPS 54.297245, 13.712819) parken und durchs Kieferwäldchen zum ruhigen, schönen Strand laufen.

4 Die Mönchguter Museen besuchen

Die Halbinsel hat auch kulturell etwas zu bieten: Die **Göhrener Museen** beleuchten mit Heimatmuseum, Museumshof und Rookhus die Geschichte Rügens *(moenchguter-museen.de).* In Baabe lockt das **Mönchguter Küstenfischermuseum,** zu dem auch ein alter Fischkutter gehört *(baabe.m-vp.de).* Das **Schulmuseum Middelhagen** vermittelt eine Vorstellung davon, wie Kinder in früheren Zeiten lernten. Wer mag, kann an einer historischen Schulstunde teilnehmen *(middelhagen.de/schulmuseum).*

Spot 15 · Halbinsel Mönchgut

5 Durch die Zickerschen Berge

Los geht's am Parkplatz neben der Dorfkirche in **Groß Zicker** nach Westen über die stille Landzunge. Der rund 10 km lange Rundweg führt durchs Naturschutzgebiet vorbei am Nonnenloch (große Erosionsrinne), dem kleinen Hafen Gager und dem Bakenberg (69 m). *Parkplätze:* Groß Zicker (GPS 54.295670, 13.690627)

ESSEN & TRINKEN

6 Frisch vom Kutter

Die ehemalige Scheune in einem Bauernhof von 1574 in Alt Reddevitz wurde liebevoll zum Restaurant **Kliesows Reuse** umgebaut. Die leckeren Fischgerichte variieren je nach den Schon- und Fangzeiten von Steinbutt, Aal, Hering oder Dorsch. *Infos:* Alt Reddevitz 23 a | Di–So ab 12 Uhr | Tel. 038308 21 71 | kliesows-reuse.de | €€ *Parkplätze:* Am Feldweg 900 m entfernt (GPS 54.328976, 13.661766).

7 Torten mit Ostseeblick

Von der Terrasse der kleinen **Tortenmanufaktur Moccavino** hast du freien Blick aufs Wasser. Die Kuchen und Torten sind ein Genuss, zusammen mit einer der Kaffee- und Teespezialitäten unwiderstehlich! Auch Suppen und Flammkuchen. *Infos:* Alt Reddevitz 18 a | Middelhagen | Do–Mo ab 11 Uhr | Tel. 038308 6 63 36 | moccavino.com | € *Parkplätze:* am Haus (GPS 54.329482, 13.678802).

8 Naturnah Gutes genießen

Am westlichen Rand von Groß Zicker liegt das fein renovierte Anwesen **Taun Hövt** inmitten von Wiesen mit Boddenblick. Neben guten Fisch- und Fleischgerichten auch Wild mit Wiesen-

BERGWANDERN

Von wegen alles flach: Ein schöner Rundweg führt durch die Zickerschen Berge im Naturschutzgebiet der Mönchgut-Halbinsel

Halbinsel Mönchgut E

champignons. Schöne Kaminecke. **Infos:** *Boddenstr. 61 | Groß Zicker | Mi–Mo 12–21 Uhr | Tel. 038308 54 20 | taun-hoevt.de | €€–€€€* **Parkplätze:** *vorm Haus (GPS 54.295914, 13.675773).*

EINKAUFEN

9 Fisch auch online

Falls Du in der **Räucherei Göhren** am Bahnhof des Dampfzugs Rasender Roland nicht genug eingekauft hast, kein Problem: Geräucherten Aal, Bückling oder Rotbarsch einfach telefonisch oder online bestellen, und schon wird hygienisch verpackt geliefert. Angeschlossen ist auch ein uriges Restaurant. **Infos:** *Bahnhofstr. 1 | Göhren | tgl. 8–21 Uhr | Tel. 038308 3 40 43 | dieraeucherei-goehren.de* **Parkplätze:** *Seebrücke (GPS 54.346153, 13.740366).*

STELL- & CAMPINGPLÄTZE

10 Hawaii liegt an der Ostsee

Rügens vielleicht schönster Campingplatz am Ortsrand von Klein Zicker ist ein Dorado für Wassersportler – nicht umsonst wird der Platz auch Thiewaii genannt. Wohnmobile stehen hier auf Gras und weichem Dünensand, viele in erster Reihe mit Blick über Strand und Meer. Gute Ausstattung. Anfang April–Ende Okt.

Surfoase Mönchgut 🐾☀

€ | Dörpstrat 2 | 18586 Thiessow | Tel. 038308 3 01 25 | thiewaii.de
GPS: 54.2774376, 13.7021847

▸ **Größe:** *1 ha, 60 Stellplätze*
▸ **Ausstattung:** *Wassersportschule (Surfen, Kiten, Catamaranfahren), Sportgeräte-Verleih*

11 Einer für alle Fälle

Großer Campingplatz im Küstenwald am Ortsrand von Göhren mit guter Ausstattung. Manchmal Livemusik und vieles mehr. Ganzjährig.

Regenbogen Camp Göhren

€€–€€€ | Am Kleinbahnhof | 18586 Göhren Tel. 038308 90120 | regenbogen.ag/ferienanlagen/goehren
GPS: 54.346493, 13.734779

▸ **Größe:** *18 ha, 550 Stellplätze*
▸ **Ausstattung:** *Mehrzwecksportfeld, Wellness-Bereich, gutes Restaurant, Kinderspielplatz*

BLAUES WUNDER

Diesen Beinamen verdankt die Peenebrücke, die Wolgast mit Usedom verbindet, dem markanten Anstrich

Tour F

Wo der Kaiser Urlaub machte
Von Greifswald über Usedom nach Anklam

Start & Spot — 12 **Greifswald** ▶ S. 104

62 km

Spot — 16 **Peenemünde & Inselnorden** ▶ S. 140

53 km

Spot — 17 **Kaiserbäder** ▶ S. 144

36 km

Spot — 18 **Usedomer Schweiz** ▶ S. 148

50 km

Ziel — **Anklam** ▶ S. 139

40 Kilometer feinster Sandstrand an einem der sonnenverwöhntesten Orte der Republik. Das ruhige Hinterland zwischen Peenestrom, Achterwasser und Stettiner Haff ist Lebensraum von Seeadlern, Kormoranen und Kegelrobben. Sportfans kommen beim Paddeln, Kiten, Segeln oder Wandern auf ihre Kosten. Auf Usedom locken mondäne Seebäder und die Hügellandschaft der Usedomer Schweiz. Und nicht zuletzt: Hier wurde Raumfahrtgeschichte geschrieben. Also Zeit für einen Roadtrip über Deutschlands zweitgrößte Insel!

Strecke 215 km

Reine Fahrzeit 4 Std. 20 Min.

Streckenprofil Überwiegend gut ausgebaute Straßen, aber auch enge, kurvige Alleen, gelegentlich mit Kopfsteinpflaster und Schlaglöchern.

Empfohlene Dauer 5-7 Tage

Anschlusstouren D

FACTS

Tour F im Überblick

Tour-Highlights

Technik in all ihren Facetten begegnet dir im *Historisch-Technischen Museum* in **Peenemünde** ▶ S. 141

Die *Bäderarchitektur* in **Bansin, Heringsdorf** und **Ahlbeck** bewundern ▶ S. 144

Aus dem **Doppeldecker** hast du Usedom perfekt im Blick ▶ S. 145

Die **Inselnatur** auf einer *Jeep-Safari* erkunden ▶ S. 149

Auf dem **Campingplatz Nandalee** den *Sonnengruß* zelebrieren ▶ S. 151

F Tourenverlauf

| Start & Spot | **12** | **Greifswald**
Eine Universität mit Stadt drum herum ▶ S. 104 |

20 km | Auf der L 26 Richtung Osten passiert ihr die Klosterruine Eldena. Nach 6 km biegt ihr bei Kemnitz auf die L 262 ab und erreicht nach weiteren 10 km Lubmin.

Lubmin

Das schöne Seebad am Bodden hat einen herrlichen 5 km langen Badestrand. Auf der 200 m langen Seebrücke könnt ihr euch den Wind um die Ohren pusten lassen. Oben an der Promenade werden leckere Fischbrötchen verkauft.

P Es gibt einen asphaltierten Parkplatz in Strandnähe (GPS 54.136795, 13.611841), einen etwas größeren Wiesenplatz etwa 500 m östlich (GPS 54.137270, 13.617007).

8 km | Weiter geht's auf der L 262, vorbei am stillgelegten Kernkraftwerk Greifswald *(Führungen möglich, ewn-gmbh.de)* bis ins kleine Dorf Spandowerhagen.

Spandowerhagen

Im Ort führt die Freesendorfer Straße bis zum Wasser. Von dort kann man am Rand der **Halbinsel Struck** (Naturschutzgebiet) zum Freesendorfer See oder auf dem Küstenwanderweg bis Freest (ca. 3 km) laufen. Ideal auch für Angler.

P Direkt am Wasser liegt ein wundervoll ruhiger, kostenfreier Parkplatz mit Feuerschale und Bänken für eine romantische Nacht (GPS 54.148225, 13.697833).

Insider-Tipp
Paddeln auf dem Peenestrom

Leiht euch dafür im Kanuhof von Ingo Gudusch (kanuhof-spandowerhagen.de) ein Kanu aus. Er bietet auch geführte Touren und Kurse an. Im Hof gibt's Kaffee, Kuchen und Kunsthandwerk.

14 km | Auf der L 262 geht es weiter durch das Fischerdorf **Freest,** wo ihr in der Räucherei Thurow an der Hauptstraße leckeren Fisch kaufen könnt, dann auf teilweise engen, gewundenen Straßen über Kröslin nach Wolgast.

Von Greifswald über Usedom nach Anklam F

Wolgast

Willkommen am Tor zu Usedom! Neben der historischen Altstadt mit **St.-Petri-Kirche** und dem beliebten **Tierpark** lockt in Wolgast das **Blaue Wunder:** Diese Peenebrücke verdankt ihren Beinamen dem blauen Anstrich. Sie verbindet Usedom mit der Wolgaster Schlossinsel. Auf der gibt es zwar kein Schloss mehr, dafür einen hübschen kleinen Hafen – und im Sommer finden hier Festspiele statt.

P *Parkt am besten am Philipp-Otto-Runge-Platz kurz vor der Schlossinsel und lauft 300 m zu Fuß (GPS 54.053194, 13.780321).*

Insider-Tipp
Zum Sundowner aufs Achterwasser

Auf dem Segler „Weisse Düne" (weisse-duene.com) genießt man bei einem kühlen Störtebeker den Sonnenuntergang vom Wasser aus.

20 km | Fahrt über das Blaue Wunder hinüber nach Usedom, folgt dort der B 111 rund 5 km bis Bannemin und zweigt hier links ab auf die L 264 Richtung Peenemünde.

Spot

Peenemünde & Inselnorden
Raketen gucken, Steinbutt schlemmen und mehr ▶ S. 140

COCKTAIL UNTER WEISSEN SEGELN

Auf dem Segler „Weisse Düne" könnt ihr dem Sonnenuntergang stimmungsvoll entgegenschippern

F Tourenverlauf

23 km | Von Peenemünde fahrt ihr zurück über Karlshagen und Trassenheide – in beiden Orten staut sich der Verkehr schnell – und links auf die B 111. Am Ortsrand von Zinnowitz biegt ihr rechts in den Neuendorfer Weg ab zur Halbinsel Gnitz.

Halbinsel Gnitz

Ganz im Süden der Halbinsel erstreckt sich das Naturschutzgebiet **Südspitze Gnitz.** Eine gute Gelegenheit zur Stärkung habt ihr in Lütow. Hier steht direkt am Wasser der **Food Truck Eat & Smile** (GPS 54.010381, 13.882490) mit köstlichen Fischbrötchen, Kaffee und Kuchen. Ein guter Ausgangspunkt zur Erkundung der Küstenlandschaft am Achterwasser ist der **Natur Camping Platz.** Dort kann man Kanus mieten, surfen oder einfach einen idyllischen Spaziergang entlang der Steilküste zum Weißen Berg machen (natur-camping-usedom.de, GPS 54.010907, 13.857896).

P *Neben der Busschleife am Achterwasser das Womo abstellen und am Ufer entlang in drei Minuten zum Food Truck laufen (GPS 54.010946, 13.879591).*

8 km | Auf der K 29 fahrt ihr auf demselben Weg in gut 10 Minuten über Neuendorf zurück nach Zinnowitz.

Zinnowitz

Das Seebad hat neben Badestrand samt Seebrücke ein echtes Unikat zu bieten: Das **Lift-Café** in Form einer Gondel erhebt sich ab 11 Uhr jeweils zur vollen Stunde 25 m in die Höhe, von oben genießt man zum Cappuccino einen grandiosen Ausblick (reservieren unter Tel. 038377 3 73 57). Im nahegelegenen Kunsthaus **Villa Meyer** (kunstreinhardmeyer.de) gibt's jeden Mittwoch beim „Jazzcasino" etwas auf die Ohren.

P *Vom Parkplatz Dünenstraße Ost (GPS 54.078683, 13.920123) sind es 150 m bis zum Strand, 10 Gehminuten zur Seebrücke oder zur Villa Meyer.*

22 km | Wieder zurück auf der B 111 biegt ihr nach links Richtung Ahlbeck ab und passiert kurz darauf die **Bernsteinbäder** Zempin, Loddin, Koserow (mit Karl's Erdbeerdorf, karls.de) und Ückeritz, bevor ihr über die L 266 mit Bansin das erste der drei Kaiserbäder erreicht.

Von Greifswald über Usedom nach Anklam **F**

Spot **17** | **Kaiserbäder**
Flanieren am Strand von Bansin, Heringsdorf und Ahlbeck ▶ S. 144

5 km | Für einen Wohnmobil-Ausflug nach Swinemünde folgt ab Ahlbeck der Swinemünder Chaussee bis zur polnischen Grenze. Alternativ kommt man per Rad, Schiff, Bäderbahn oder zu Fuß dorthin (s. u.).

Swinemünde/Świnoujście

Die größte Stadt Usedoms liegt im polnischen Teil, hat bereits 1820 den Badebetrieb aufgenommen und ist somit das erste Seebad der Insel. Swinemünde (rund 42 000 Ew.) ist durch eine 12 km lange **Strandpromenade,** eine der längsten in Europa, mit den drei deutschen Kaiserbädern verbunden. Beliebte Touristenattraktion ist neben dem **Kurpark** der Basar oder **Polenmarkt** *(tgl. 10–18 Uhr)*, der sich 500 m hinter der Grenze über mehrere Blocks erstreckt. Achtung: Richtmengen bei Alkohol und Zigaretten beachten, beim Grenzübertritt wird stichprobenartig kontrolliert!

i Für den Grenzübertritt nach Polen braucht ihr einen gültigen Pass oder Personalausweis, fürs Wohnmobil Fahrzeugpapiere und Führerschein. Nur sporadische gibt es Grenzkontrollen. Offizielle Währung ist der Złoty, an Geldautomaten ist der Kurs meist günstiger.

P *Großer Grenzparkplatz an der L 266 in Ahlbeck (GPS 53.923705, 14.212995, bis 3,5 t 5 €/Tag), ab hier laufen (ca. 30 Min.) oder per Rad. Alternativ zu Fuß über die Strandpromenade, mit der Bäderbahn (ubb-online.com) oder per Schiff (adler-schiffe.de). Am Bahnhof in Swinemünde gibt es einen kostenfreien Parkplatz (GPS 53.913766, 14.234256), zentrumsnah einen Campingplatz mit Wachschutz (ganzjährig, camping-relax.com.pl/de).*

11 km | Über die B 110 geht es via Garz nach Kamminke auf deutscher Seite.

Kamminke

Das hübsche Fischerdorf Kamminke am südöstlichsten Zipfel von Usedom liegt direkt an der polnischen Grenze. Trotz der Nähe zu den Kaiserbädern ist es auch in der Hochsaison nicht überlaufen. Es gibt einen netten kleinen Hafen.

P *Wohnmobile können gegen Gebühr direkt am Wasser geparkt werden, auch über Nacht (GPS 53.867523, 14.204635).*

F Tourenverlauf

📷 *Vom Hafen Kamminke hast du einen guten Blick hinüber nach Polen – und besonders schöne Motive bei Sonnenuntergang!*

Insider-Tipp
Räucherfisch mit Livemusik

In der Räucherei Klönsnack am Hafen (fisch raeucherei-kamminke.de) gibt's im Sommer zu Stremellachs und Bratwürsten vom Grill manchmal auch (Live-)Musik.

1 km | Auf der Dorfstraße nach Norden bis zur Bushaltestelle Kellerberg.

Golm
Der Golm, slawisch für „Hügel", ist mit 69 m die höchste Erhebung auf Usedom. Hier befindet sich eine der größten **Kriegsgräberstätten** Deutschlands. Bei einem Luftangriff starben 1945 noch Tausende Menschen. Man begrub sie auf dem Golm, der während des Krieges schon als Soldatenfriedhof diente.

🅿 *Großer Parkplatz an der Bushaltestelle Kellerberg. Von hier führt ein kleiner Weg zur Gedenkstätte im Wald (GPS 53.879421, 14.210443).*

20 km | Es geht zurück zur B 110, hier nach links und über Zirchow bis etwa in Höhe des Ortes Dargen, wo du rechts auf die Mühlenstraße abbiegst und kurz darauf Benz in der Usedomer Schweiz erreichst.

Spot 18
Usedomer Schweiz
Kulturelles und Kulinarisches im romantischen Hinterland ▶ S. 148

18 km | Auf der B 110 ein Stück weiter Richtung Westen liegt Usedom (Stadt).

Usedom (Stadt)
Dass dies einmal der bedeutendste Ort der Insel war, belegt das wuchtige **Anklamer Tor** aus dem 15. Jh., das heutige Heimatmuseum *(usedom-stadt.de)*. Nur noch etwa 1800 Einwohner leben dauerhaft in der beschaulichen Gemeinde – ein Rundgang durch den historischen Kern mit der **Marienkirche** von 1337 lohnt allemal.

🅿 *Kleiner Parkplatz etwa 200 m vom Anklamer Tor entfernt (GPS 53.873498, 13.917524).*

10 km | Weiter über die B 110 bis Zecherin und dort links ab.

Von Greifswald über Usedom nach Anklam F

Karnin

Dieser winzige idyllische Ort am Übergang der Peene in das Stettiner Haff hat ein großes Highlight: die **Eisenbahn-Hubbrücke.** Sie verband einst Usedom mit dem Festland, 1945 wurde die Brücke gesprengt, das Hubteil mitten im Peenestrom blieb aber erhalten. Heute ist sie ein beliebtes Fotomotiv.

P *Ruhige Übernachtungsmöglichkeit auf dem Parkplatz an der Marina mit Strom, Toilette und Dusche (GPS 53.845076, 13.858597).*

22 km | Auf demselben Weg geht es zurück zur B 110, nach links über die Zecheriner Brücke (Öffnungszeiten beachten!) und durch das Peenetal bis Relzow, dort abbiegen in Richtung Anklam.

Ziel ◎ Anklam

Luftfahrtpionier Otto Lilienthal ist der berühmteste Sohn dieser Stadt, kein Wunder, dass sich hier das gleichnamige Museum befindet, in dem man Interessantes über den tollkühnen Flieger und sein abenteuerliches Leben erfahren kann. Die Sakralbauten – besonders **Nikolaikirche** und **Marienkirche** – sowie der **Stadthafen** lohnen einen Besuch. Schön ist auch eine Wanderung im Peenetal.

P *Am besten in der Werftstraße parken, von dort ist man in wenigen Minuten über die kleine Holzbrücke in der Stadt (GPS 53.860347, 13.689795).*

MAHNENDES RELIKT

Nur das Hubteil der Eisenbahnbrücke überstand die Sprengung im Zweiten Weltkrieg – und steht seitdem bei Karnin im Peenestrom

Spot 16

Peenemünde & Inselnorden
Raketen gucken, Steinbutt schlemmen und mehr

Der Norden von Usedom ist dünn besiedelt, was vor allem an einem interessanten Fakt liegt: In Peenemünde befand sich während des Zweiten Weltkriegs auf 25 km² das damals größte militärische Forschungszentrum Europas. Von dort flog die erste Rakete ins All, heute steht hier ein Museum. Trubeliger geht's etwa in den Orten Trassenheide und Karlshagen mit den breiten Sandstränden zu – diese Region ist also top zum Baden mit anschließender Geschichtsstunde.

🅿 *Nahe des Peenemünder Bahnhofs gibt's einen guten Parkplatz, auch für eine Nacht (Höchstparkdauer 24 Std., GPS 54.138968, 13.770731). Zentral liegt auch der Parkplatz am Hafen (GPS 54.136451, 13.767800).*

BEGEGNUNG AUF AUGENHÖHE

Bei einem Bootsausflug zur Greifswalder Oie besteht die CHance, einer Kegelrobbe tief in die Augen zu schauen

Peenemünde & Inselnorden   F

AKTIVITÄTEN & SIGHTSEEING

① Besuch im Historisch-Technischen Museum

Während des Nazi-Regimes trieb das Rüstungsministerium in der Heeresversuchsanstalt Peenemünde die Entwicklung neuer Waffensysteme voran. 1942 flog erstmals eine Großrakete ins All. Der leitende Ingenieur Wernher von Braun arbeitete später für die Nasa. Im ehemaligen Kraftwerk ist heute ein eindrucksvolles **Museum** untergebracht. Auf dem 25 km langen Rundweg **Denkmal-Landschaft** gibt es derzeit 23 Stationen mit Infotafeln. *Infos:* Im Kraftwerk | Peenemünde | April–Sept. tgl. 10–18, Okt. tgl. 10–16, Nov.–März Di–So 10–16 Uhr | Eintritt 9 € | museum-peenemuende.de *Parkplätze:* am besten am Hafen (s. S. 140).

② Einen Trabi stemmen

In der **Phänomenta** werden auch Puddingärmchen stark: Dank Hebelwirkung können sogar Kinder den 700 kg schweren Trabant stemmen. Weitere 200 naturwissenschaftliche Phänomene und Kuriositäten gibt's in der interaktiven Ausstellung zu entdecken. *Infos:* Museumstr. 12 | Peenemünde | Feb.–Nov. tgl. 10–18 Uhr | Eintritt 8,50 € | phaenomenta-peenemuende.de *Parkplätze:* direkt vor der Tür.

③ Pittiplatsch & Co im Spielzeugmuseum besuchen

Ein Wiedersehen mit Pittiplatsch und Schnatterinchen: Im Spielzeugmuseum findet ihr 25 000 Ausstellungsstücke aus drei Jahrhunderten. Sehenswert! *Infos:* Museumstr. 14 | Peenemünde | tgl. 10–16 Uhr | Eintritt 7 € | usedom-spielzeugmuseum.de *Parkplätze:* direkt vor der Tür.

④ Schiffsexkursion für Naturfreunde

Die **Greifswalder Oie** ist eine winzige Insel zwischen Rügen und Usedom und seit 1998 Naturschutzgebiet. Mit der „MS Seeadler" geht's in Peenemünde los, mit etwas Glück seht ihr während der 90-minütigen Überfahrt Seeadler. Auf der Insel leben u. a. Kegelrobben, Kormorane und Höckerschwäne. Vom Leuchtturm der Insel kann man bis nach Rügen gucken. *Infos:* Hafen Peenemünde | Peenemünde | Mai–Okt. | Tel. 038371 2

⑤ Dem weißen Hai begegnen

Im **Wildlife Usedom** wandert ihr durch die Landschaften aller Kontinente und begegnet dabei lebensgroßen Exemplaren aus der Tierwelt, wie dem weißen Hai oder einer 7 m großen Giraffe. Anfassen, Rätseln und Lernen erlaubt. Lecker sind die hausgemachten Kuchen. *Infos:* Wiesenweg 2 | Trassenheide | April–Ende Okt. tgl. 9.30–18, letzter Einlass 17.30 Uhr | Eintritt mit Gratiskaffee 8 €, Kinder 5,50 € | wildlife-usedom.de *Parkplätze:* direkt vor der Tür, die Einfahrt ist etwas holprig, Parktaschen an der Straße.

Spot 16 · Peenemünde & Inselnorden

08 29 | schifffahrt-apollo.de/greifswalder-oie **Parkplätze:** am Hafen.

Insider-Tipp
Für Hobbyornithologen Für Vogelfreunde gibt es Sonderfahrten zur Greifswalder Oie mit verlängertem Landgang und Besichtigung der Vogelberingungsstation.

ESSEN & TRINKEN

6 Steinbutt auf dem Restaurantschiff

Im Hafen von Peenemünde liegt die „MS Kragenhai". Auch wenn es draußen stürmt, ist es drinnen am Ofen muckelig warm. Highlight auf der Karte: Steinbutt. **Infos:** Hafenpromenade | Peenemünde | tgl. 11–21 Uhr | €€ **Parkplätze:** am Hafen.

7 Im Strandkorb dinieren in Karlshagens Düne 74

Hier könnt ihr von früh bis spät sündigen: leckeres Frühstück, dann feine regionale, gehobene Küche direkt hinter der Düne. Freitags ab 18 Uhr gibt's Gutes vom Grill. Möglichst reservieren! **Infos:** An der Düne 1 | Karlshagen | tgl. 8–21 Uhr | duene74.de | €€–€€€ **Parkplätze:** In der Ostseestraße auf dem Strandparkplatz (GPS 54.127026, 13.829152).

8 Regional genießen und Schiffe gucken

Ob Peenemünder Damwild oder Ostseeflunder, im **Café & Restaurant Peeneblick** kommen überwiegend regionale Produkte auf den Teller. **Infos:** Am Hafen 10 | Karlshagen | Mi–Mo 11.30–21 Uhr | Tel. 038371 55 87 87 | restaurant-peeneblick.de | €€ **Parkplätze:** direkt am Restaurant.

PIPPI HÄTTE HIER EINGEKAUFT

In der Villa Kunterbunt gibt es Köstliches und mehr aus eigener Herstellung

Peenemünde & Inselnorden F

EINKAUFEN

9 Proviant auffüllen in der Villa Kunterbunt

Lass' dich durch die Schreie von Pfau Pauli nicht abschrecken – hier solltest du unbedingt stoppen! Im **Hofladen** von Anja Debniak bekommst du Marmelade, Brot, Fleisch, Wolle und mehr aus eigener Herstellung sowie weitere Usedomer Spezialitäten. *Infos: Zinnowitzer Str. 6 | Neuendorf | Mo-Fr 10-17, Sa 10-12 Uhr | hofladen-usedom.de | €–€€ **Parkplätze:** für kleinere Camper am Haus oder in der Parkbucht gegenüber.*

Insider-Tipp
Woher kommt der Honig?
Die Antwort findet ihr im Imkermuseum (Schlüssel bei Fr. Debniak).

STELL- & CAMPINGPLÄTZE

10 Im Wald und direkt am Meer

Eine etwas enge Zufahrtstraße mit Parkbuchten führt zu diesem strandnahen Platz mitten im Kiefernwald mit parzellierten Plätzen auf Wiesengrund. Wassersportmöglichkeiten am Strand, Vierbeinerdusche am Platz. Ende März–Anfang Nov.

Campingplatz Ostseeblick Trassenheide

€€ | Zeltplatzstr. 20 | 17449 Trassenheide | Tel. 038371 2 09 49 | campingplatz-ostseeblick.de | GPS: 54.0906919, 13.8878667

▶ *Größe: 80 Stellplätze*

11 Historische Hafenkulisse

Du stehst hier zwischen gestrandeten Kuttern direkt am Hafen mit freier Platzwahl auf naturbelassenem Grund. Rezeption und Brötchenbestellung im Restaurantkutter Zum dünnen Hering mit Hafenbar. Fischputzstelle hinterm Haus, Lesewagen, Galerie mit Souvenirs, Antiquitäten und ein Museum. Ganzjährig geöffnet.

Stellplatz Halbinsel Peenemünde

€ | Fährstr. 9 | 17449 Peenemünde Tel. 038371 55 66 23 | halbinsel-peenemünde.de GPS: 54.1368679, 13.7618474

▶ *Größe: 80 Stellplätze*

Spot 17

Kaiserbäder
Flanieren am Strand von Bansin, Heringsdorf und Ahlbeck

Mondäne Bäderarchitektur, ein buntes Kulturangebot und viele gute Restaurants erwarten euch in den Kaiserbädern. An den weißen und oft trubeligen Sandstränden flanierten einst Kaiser Wilhelm II., der deutsche Adel, Künstler, Schauspieler und andere VIPs. Lasst euch das Haar ordentlich von der salzigen Meeresluft auf einer der weit in die Ostsee hineinragenden Seebrücken zerzausen, und gebt euch dem Zauber der Zuckerbäckerbauten und den Geschichten über ihre prominenten Bewohner hin.

SEEBRÜCKEN-RANKING

Heringsdorfs Seebrücke ragt mit über 500 m Länge am weitesten in die Ostsee hinaus

Kaiserbäder F

AKTIVITÄTEN & SIGHTSEEING

① Durch Bansin bummeln

Die prächtigen Bäderbauten in Bansin, das Ende des 19. Jh. als Seebad angelegt wurde, kannst du beim Bummel über die Promenade bestaunen und anschließend auf der **Seebrücke** 285 m weit in die Ostsee hinaus spazieren. Von der Seebrücke startet auch die „**MS Adler XI**" zu Rundfahrten, u. a. nach Swinemünde zur alten Festungsanlage und zum Leuchtturm. Zustieg auch in Heringsdorf und Ahlbeck (adler-schiffe.de/ab-usedom/fort-gerhard). **Parkplätze:** an Waldstr./Badstr. nahe Strand (GPS 53.970522, 14.145031) oder am Gartenweg (53.965683, 14.134927).

② Kultur pur in Heringsdorf

Im benachbarten Heringsdorf erwartet dich mit 508 m die längste **Seebrücke** an der Ostsee. In der Nähe liegen die **Volkssternwarte** (sternwarte-usedom.de) und der **Kunstpavillon** (kunstpavillon-ostseebad-heringsdorf.de). Ab Mai gibt's im **Roten Hut** an der Strandpromenade Theater, Kabarett und Musik (vorpommersche-landesbuehne.de/ort/chapeau-rouge). **Parkplätze:** hinterm Bahnhof (GPS 53.948939, 14.169750), 10 Min. zu Fuß zur Seebrücke. Oder direkt im Mobilcamp Heringsdorf in der Triftstraße (mobilcamp-heringsdorf.de).

③ Chillen auf Ahlbecks Seebrücke

Seit sie in Loriots „Pappa ante Portas" zu sehen war, ist Ahlbecks Seebrücke vermutlich die berühmteste der Kaiserbäder-Seebrücken, definitiv ist sie die älteste (Bj. 1882). Eine 12 km lange Strandpromenade verbindet das Seebad mit Swinemünde im polnischen Teil Usedoms. Bei schlechtem Wetter lohnt ein Abstecher in die **Ostseetherme** (ostseetherm41e-usedom.de). **Parkplätze:** bei der Tankstelle (GPS 53.934098, 14.194784), 10 Min. zu Fuß zum Strand.

Insider-Tipp: Auf Sand gebaut

Am Grenzparkplatz zu Polen errichten Künstler von März bis Oktober auf 4000 m² Fläche eine Welt aus Sand (sandskulpturen-usedom.de).

④ Usedom von oben

Vom **Flughafen Zirchow** geht's mit dem einmotorigen Doppeldecker Antonow AN-2 zu den Kaiser- und Bernstein-

⑤ Baumwarane treffen im Tropenzoo Bansin

Wenn es draußen ungemütlich ist, bietet sich ein Abstecher ins Warme an. Mit 70 Tierarten gehört dieser Zoo zwar eher zu den kleineren seiner Art, bietet aber im Tropenhaus Baumwarane und andere Exoten. Auch Meerschweinchen, Kaninchen, Wellensittiche und Riesentausendfüßler leben hier. Mit Dschungelspielplatz. *Infos:* Goethestr. 10 | Bansin | tgl. Mai–Sept. 10–18, Okt.–April 10–16 Uhr | Eintritt 8 €, Kinder 5 € | tropenhaus-bansin.eu

bädern und zurück über das Achterwasser. *Infos:* Am Flughafen 1 | Zirchow | in den Sommermonaten, Termine auf der Website, bitte anmelden | Tel. 03341 31 22 77 | classic-antonow.de *Parkplätze:* am Terminal oder an Hangar 10.

📷 *Vom 58 m hohen Streckelsberg bei Koserow reicht der Blick bis nach Swinemünde. Parken könnt ihr in der Meinholdstraße (GPS 54.050729, 14.010811).*

ESSEN & TRINKEN

6 Mode trifft Kulinarik
Im **Strandcasino Pier 14** in Heringsdorf gibt's Mode mit skandinavischem Flair und gehobene nordische Küche. *Infos:* Kulmstr. 33/Strandpromenade 1 | Heringsdorf | Tel. 038378 2 88 25 | strandcasino-marc-o-polo.com | €€–€€€ *Parkplätze:* etwa Friedensstr./Brunnenstr. (GPS 53.954208, 14.167658), 10 Min. zu Fuß zum Strandcasino

7 Pommersche Klassiker
Im **Restaurant 1900** im St. Hubertus-Hotel werden traditionelle pommersche Gerichte wie *Kidasch*, eine Vorspeise mit Räucherfischpralinen, oder *Pomuchel*, ein speziell zubereitetes Dorschfilet, zeitgemäß interpretiert. *Infos:* Grenzstr. 1 | Heringsdorf | Frühjahr & Sommer tgl. 12–21 Uhr, Herbst & Winter Mo–Do 17–21 Uhr, Fr u. Sa 12–21 Uhr | Tel. 038378 4 77 60 | aurelia.net/st-hubertus-hotelressort/restaurant-1900 | €€–€€€ *Parkplätze:* am Bahnhof (53.948939, 14.169750).

8 Kein Ort für eine Diät
Im urigen Holzhaus an der Strandpromenade sitzst du im ältesten Café

AUF ALLES VORBEREITET

Im Kultimbiss Zum Rollmops neben dem Waldparkplatz Bansin ist man für alles gewappnet

Kaiserbäder F

von Usedom, dem **Café Asgard.** Eine Diät solltest du nicht gerade hier beginnen, allein die Torten sind legendär. *Infos:* Strandpromenade 15 | Bansin | tgl. 8–22 Uhr | Tel. 038378 2 94 88 | asgard-cafe.de | €€ ***Parkplätze:*** 250 m entfernt in der Badstr./Waldstr. (GPS 53.970522, 14.145031).

9 Seemannsgarn spinnen
Einen langen Strandtag kannst du wunderbar in der **Kogge** direkt auf Ahlbecks historischer Seebrücke ausklingen lassen! Der Tagescocktail kostet 5 €. *Infos:* Seebrücke | Ahlbeck | tgl. ab 18 Uhr | Tel. 038378 2 83 20 | facebook.com/Bar.DieKogge | €–€€ ***Parkplätze:*** bei der Tankstelle (GPS 53.934098, 14.194784).

STELL- & CAMPINGPLÄTZE

10 Wald- und strandnah
Ein eher spartanischer Platz am Waldrand hinter der Strandkorbmanufaktur neben der Polizeiwache. Stellplatz-Reservierung, Brötchenservice. Eine Besichtigung der Manufaktur sowie Waldbaden sind möglich *(kur-und-heilwald.de).* Zentrum und Strand sind nur wenige Minuten entfernt. Ganzjährig geöffnet.

Stellplatz am Korbwerk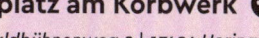
€€ | Waldbühnenweg 2 | 17424 Heringsdorf
Tel. 03837 8 46 50 50 | korbwerk.de
GPS: 53.950185, 14.165915
▸ *Größe:* 25 *Stellplätze*

11 Nah am Meer und mitten im Grünen
Die ca. 1,2 km lange Zufahrt ist zwar etwas holprig, für geübte Fahrer auch großer Camper aber kein Problem. 400 m bis zur Ostsee. Es gibt auch einen FKK-Strand sowie einen Fahrrad- und Brötchenservice. Rad- und Wanderwege in der Umgebung. Mai–Sept. Im Kultimbiss Zum Rollmops nebenan gibt's *Soljanka* und Rote Brause nach DDR-Rezepten.

Stellplatz Waldparkplatz Bansin
€ | Am Heuberg 1 || 17429 Seebad Bansin
Tel. 03837 82 92 48 | waldparkplatz-bansin.de
GPS: 53.9878394, 14.1119489
▸ *Größe:* 120 *Stellplätze*

Spot 18

Usedomer Schweiz
Kulturelles und Kulinarisches im romantischen Hinterland

Nach trubeligen Kaiserbädern kann etwas Ruhe nicht schaden. Die findet ihr zwischen Achterwasser und Stettiner Haff: Malerische Seenlandschaften, alte Mühlen, reetgedeckte Fachwerkhäuser und Fischerdörfer mit netten kleinen Häfen, in denen kleine Boote im Takt der Wellen schaukeln. Usedomer Schweiz pur! Kulinarisches mit Inselflair gibt es dazu.

FILMREIF

Die alte Holländermühle in Benz war bereits Schauplatz in einer Effi-Briest-Verfilmung

Usedomer Schweiz

AKTIVITÄTEN & SIGHTSEEING

❶ Geschichte schnuppern in der Holländermühle Benz

Perfekt für ein nostalgisches Selfie: Die schöne Benzer Mühle von 1830 diente bereits als Filmkulisse. Im **Backhaus** nebenan gibt's selbstgebackenes Brot, Kaffee und Kuchen, Schmalzstullen und Bier. **Infos:** Mühlenweg | Benz | April–Okt. Di–So 10–17 Uhr | Eintritt 3 €, Kinder 1,50 € | muehle-benz.de **Parkplätze:** unbefestigter Platz am Fuß der Mühle, mit kleineren Campern kein Problem.

Insider-Tipp: Für Süßmäuler
In der Labömitzer Straße nahe der Mühle steht ein Regal mit toller hausgemachter Marmelade – anhalten, Geld in die Kasse legen, genießen!

❷ Auf Zeitreise gehen im DDR-Museum Dargen

Alte Traktoren, NVA-Technik, Krankenwagen, PKWs und Feuerwehrtechnik – der Besuch in diesem Museum ist wie eine Reise in die Zeit der DDR. **Infos:** Bahnhofstr. 7 | Dargen | April–Okt. Di–So 10–18, Nov.–März Di–So 10–15 Uhr | Eintritt 7,50 € | museumdargen.de **Parkplätze:** am Museum, Zufahrt über unbefestigte Straße.

❸ Fachwerk & Natur bewundern im Lieper Winkel

Diese verträumte Halbinsel zwischen Achterwasser und Peenestrom hat außer dem schönen kleinen Hafen in **Rankwitz** mit der netten Gaststätte Zur Alten Fischräucherei so hübsche Dörfer wie **Quilitz** samt Hafen und Strand oder reetgedeckte Fachwerkhäuser in **Grüssow** zu bieten. Von Grüssow führt eine schöne Wanderung um die Spitze des Lieper Winkels (GPS 53.980474, 13.962510).z

❹ Auf Insel-Safari gehen

Wer Usedoms schönste Ecken aus ungewohnten Perspektiven erleben will, kann das mit Hilfe professioneller Naturführer tun. Leute im Alter von 5 bis 95 können an Tagestouren wie „Natur hautnah" oder „Die Insel anders erleben" teilnehmen. Abholung per Jeep am Stell- oder Campingplatz, Picknick und unterhaltsame Anekdötchen inklusive. **Infos:** Drosselweg 3 | Wolgast | Tel. 03836 2 37 98 90 | insel-safari.de

❺ Gullivers Welt entdecken

In **Pudagla** erlebt ihr den berühmtesten Riesen der Welt im XL-Format. Die liegende Gulliver-Figur misst 36 m und wiegt stolze 12 t, die Schuhe sind so lang wie ein Mittelklassewagen und die Kugeln von Gullivers Billardspiel haben die Größe von Fußbällen. Nebenan warten weitere Attraktionen, etwa 40 zahme Vögel im Papageienhaus. **Infos:** Am Sandfeld 1 | Pudagla | Mai–Okt. tgl. 10–18, Nov.–April 10–16 Uhr | Eintritt 9 € | papageienhaus-gulliverswelt.de

Spot 18 · Usedomer Schweiz

ESSEN & TRINKEN

6 Den Brand löschen im Café Alte Feuerwehr

Gut und gesund: Neben köstlichen Kuchen und eiskalten Getränken kommen hier regionale Gerichte mit Gemüse und Kräutern aus dem eigenen Bauerngarten auf den Tisch. Man sitzt im gemütlichen Gastraum oder im Kaffeegarten unter Bäumen und Pavillons . **Infos:** Kirchstr. 16 | Benz | ab April Do–Mo 12–17.30 Uhr | kaffeegarten-altefeuerwehr.de | €€ **Parkplätze:** direkt am Kaffeegarten.

7 Zeit für eine Pause in Tante Wallys Hofcafé

Um bei Tante Wally einzukehren, muss man keinen großen Umweg machen: Das kleine Café in **Neppermin** liegt gleich an der Hauptstraße. Mit dem Wally-Salat hat es sogar eine vegane Option. **Infos:** Schulstr. 21 | Neppermin | Mi–Sa 13–21, So 13–18 Uhr | cafe-tante-wally.de | €€ **Parkplätze:** direkt nebenan (GPS 53.9395545, 14.0399897).

8 Bier und Kaffee kaufen im Wasserschloss Mellenthin

Hier braut der einstige Tellerwäscher Jan Fidora leckeres Bier und röstet Spitzenkaffee, dazu wird gutbürgerliche Küche serviert. Bier, Kaffee und weitere Souvenirs sind im Shop erhältlich. Auf der Wiese am Schlossparkplatz darf man zudem die Nacht verbringen. **Infos:** Dorfstr. 25 | Mellenthin | tgl. ab 11, Jan.–9. April ab 12 Uhr | Eintritt (wird bei Verzehr erstattet) 2 € | Tel. 038379 2 87 80 | wasserschloss-mellenthin.de | €€ *Parkplätze: direkt am Schloss links ein kostenfreier, rechts ein kostenpflichtiger Parkplatz*

AUS DEM BETT INS HAFF SPRINGEN

Auf dem Campingplatz Haffküste in Kamminke steht ihr mit etwas Glück direkt am Stettiner Haff

9 Pommern-Tapas genießen im Restaurant Remise

In den ehemaligen Stallungen der Remise am **Schloss Stolpe** wird heute modern diniert. Beliebt sind die Pommern-Tapas, etwa Heringsröllchen oder das Senfei von der Wachtel. *Infos: Alte Dorfstr. 7 | Stolpe | Di–So ab 12 Uhr | Tel. 038372 77 80 80 | restaurant-remise-schloss-stolpe.de | €€ Parkplätze: am Restaurant, größere Camper parken besser am Schloss (GPS 53.868309, 13.991332).*

STELL- & CAMPINGPLÄTZE

10 Alternativer Platz mit Seeblick

Dieser idyllische Platz direkt am Schmollensee mit Blick auf die Hügel der Usedomer Schweiz setzt ganz auf Nachhaltigkeit und alternativen Lifestyle. Den Stellplatz könnt ihr frei wählen, sofern verfügbar. Premiumplätze daher besser im Voraus buchen. An guten Tagen könnt ihr vom Bett aus Wildgänse beobachten. Gemütliches Bistro mit Kamin und Panoramablick, auch Speisen für Veganer. Kontakt und Buchungsanfragen Juni bis August nur telefonisch. Hofladen in der Nähe, Supermarkt 3 km entfernt.

Nandalee Camping

€€ | Sellin 17 a | 17429 Sellin
Tel. 0152 33 88 32 2 | nandalee-camping.de
GPS: 53.957891, 14.091039

▶ *Größe: 30 Stellplätze*

11 Schöner wohnen am Wasser

Wenn ihr Glück habt, ergattert ihr einen der begehrten Plätze am Wasser und könnt von eurem Camper direkt ins Stettiner Haff abtauchen. Die 100 m² großen, einzeln parzellierten Stellplätze sind von Bäumen und Büschen umrandet. Man steht auf Wiesenfläche.

Campingplatz Haffküste Kamminke

€€ | Garzer Weg 1 | 17419 Kamminke
Tel. 038376 29 91 13 | insel-usedom-camping.de
GPS: 53.872747, 14.1982518

▶ *Größe: 76 Stellplätze*

SEEBLICKE ÜBERALL

Der Karower See ist nur einer von unzähligen wunderbaren Seen in der Mecklenburgischen Seenplatte

Tour G

Seen, Herrenhäuser und verwunschene Schlösser
Von Güstrow nach Malchow

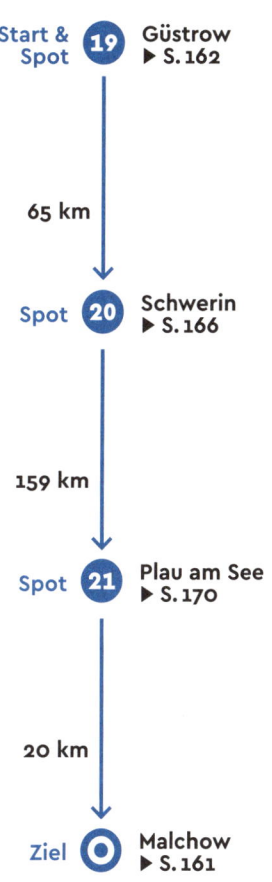

Mecklenburg-Vorpommern zeigt auf dieser Tour sein vielfältiges Gesicht: Mal führen breite Alleen kilometerlang geradeaus durch sanft-hügelige Landschaft, mal verbinden schmale, kurvige Straßen Dörfer, die aus kaum einem Dutzend Häusern bestehen. Dafür gibt es in fast jedem Ort ein Schloss, ein Herrenhaus oder einen Gutshof, manche halb verfallen, andere aufwendig saniert. Und immer wieder blitzen wunderschöne Seen auf. Nimm dir Zeit für kleine Abstecher, denn auch links und rechts des Weges gibt es viel zu entdecken.

Strecke 245 km
Reine Fahrzeit 4 Std.
Streckenprofil Überwiegend gut ausgebaute Land- oder Bundesstraßen, zwischen kleineren Orten auch schmale und sanierungsbedürftige Straßenabschnitte.
Empfohlene Dauer 6–8 Tage
Anschlusstouren H

FACTS

Tour im Überblick

 Tourenverlauf

Start & Spot 19

Güstrow
In der Ruhe liegt die Kraft ▶ **S. 162**

29 km | Von Güstrow fährst du über die B 104 Richtung Westen, vor dem kleinen Ort Witzin geht es durch ein Waldstück, ansonsten überwiegend durch offene Landschaft mit Feldern und Wiesen.

Sternberg
Das beschauliche Städtchen inmitten des **Sternberger Seenlands** zählt 4200 Einwohner, der historische Ortskern mit einigen schmucken Fachwerkhäusern und der teilweise erhaltenen **Stadtmauer** ist sehenswert. Lohnend ist ein Abstecher (7 km) zum **Archäologischen Freilichtmuseum Groß Raden** (*April–Okt. tgl. 10–17.30, Nov.–März 10–16.30 Uhr I Eintritt 3,50, Familien 7 €, Kinder unter 6 J. frei I Kastanienallee I Groß Raden I freilichtmuseum-gross-raden.de*). Auf einer Halbinsel wurde dort eine 1000 Jahre alte slawische Burg mit einem schon von Weitem sichtbaren, kreisrunden Palisaden-Burgwall rekonstruiert. In Workshops werden alte Handwerkstechniken vermittelt, es gibt Thementage und ein Kinder-Ferienprogramm.

P *In Sternberg direkt links an der B 104 (GPS 53.712999, 11.827903)*

Beim Campingplatz Sternberger Seenland am Luckower See (camping-sternberg.de) gibt es einen frei zugänglichen Badesteg mit Sandstrand (GPS 53.713635, 11.811773).

36 km | Auf der B 104 geht es von Sternberg weiter gen Westen. Nach rund 25 km führt die Straße zwischen dem Schweriner Innen- und Außensee hindurch nach Schwerin.

Spot 20

Schwerin
Mediterran, urban – und beschaulich ▶ **S. 166**

Optionaler Anschluss: Tour

37 km | Von Schwerin fährst du ein Stück weit auf der L 72 südwärts. An der Anschlussstelle Wöbbelin geht es kurz auf die A 24, beim Kreuz Schwerin dann nach rechts auf die A 14 bis Groß Laasch, schließlich über die L 73 nach Ludwigslust.

Von Güstrow nach Malchow G

Ludwigslust

Rund 12 000 Einwohner hat Lulu, wie die Einheimischen den Namen ihrer Stadt gern abkürzen *(stadtludwigslust.de)*. Eines ihrer Aushängeschilder ist der Sanddorn. In Deutschlands größtem Bio-Anbaugebiet wachsen hier die Beeren, die zu leckeren Konfitüren, Honig, Tees und Kosmetik verarbeitet und von der **Sanddorn-Manufaktur Storchennest** vertrieben werden *(sanddorn-storchennest.de)*. Die wichtigste Sehenswürdigkeit der Stadt ist jedoch das Ensemble klassizistischer Bauwerke rund um das spätbarocke **Schloss**.

P *Parkplatz Storchennest in der Friedrich-Naumann-Allee (GPS 53.326889, 11.490729), daneben befindet sich auch ein Womo-Stellplatz zum Übernachten.*

Schloss Ludwigslust

Wie so viele seines Standes träumte auch der Mecklenburger Herzog Friedrich von einem Barockschloss nach französischem Vorbild – einem „Versailles des Nordens". Jahrzehntelange Planung ging dem Bau in Ludwigslust voraus, 1777 konnte er sein Residenzschloss schließlich beziehen – und du darfst dich heute noch an dem prächtigen Gebäude und dem weitläufigen Schlosspark erfreuen.

LUSTWANDELN

Im Park von Schloss Ludwigslust erschließt sich der Sinn des altmodischen Worts sofort

HANDGEFERTIGT

Wie wär's mit schicker Keramik aus der Werkstatt von Ute Dreist bei Techentin? Garantiert keine Massenware!

🛈 Schlossfreiheit 1 | 15. April–14. Okt. Di–So 10–18, 15. Okt.–14. April 10–17 Uhr, Führungen Di–Fr 14, Sa/So 11, 14, 15 Uhr, im Winter Sa/So 14 Uhr | Eintritt 3 € | schloss-ludwigslust.de

40 km | Von Schloss Ludwigslust geht es weiter nach Crivitz – am schnellsten über die A14 und Raben-Steinfeld, am schönsten über die L73 bis Neustadt-Gleve, dort links auf die L071, nach etwa 2 km rechts über Tuckhude und Friedrichsmoor auf der L092 bis Raduhn, dort wieder rechts ab auf die L09 über das Dorf Tramm nach Crivitz.

Crivitz

Im Slawischen bedeutet Crivitz so viel wie „gekrümmt" – das 5000-Einwohner-Städtchen wuchs um eine Siedlung auf der Halbinsel am Crivitzer See, ist also der Ort an der Krümmung. Um den See herum führt eine Promenade, die hübsche Altstadt lohnt einen Bummel.

🅿 Im Ortskern gibt es mehrere öffentliche und kostenlose Parkplätze, etwa am Markt – für größere Mobile wird es jedoch eng (GPS 53.577444, 11.650000).

📷 Grüße aus Crivitz? Das Urlaubs-Selfie vor der englischen Telefonzelle beim Bürgerhaus könnte dem Empfänger Rätsel aufgeben (GPS 53.576055, 11.649220).

Von Güstrow nach Malchow

Von Crivitz geht es zunächst auf der Brüeler Straße in nördlicher Richtung aus dem Ort, dann links ab auf die Crivitzer Straße bis Kladow, dort rechts ab auf den Basthorster Weg bis zum Schloss Basthorst.

Schloss Basthorst

Durch das gleichnamige Dorf führt eine Allee direkt auf das Portal des 1823 erbauten Schlossguts zu, hinter dem sich ein romantisch-verwilderter **Landschaftsgarten** bis zum Ufer des Glambecksees erstreckt. Donnerstags ist Wochenmarkt, dazu gibt es einen Frühjahrs-, Herbst- und Weihnachtsmarkt. Das ganze Jahr über ist hier etwas los, vom Spring- und Dressurfestival über Konzerte, Freilichtoper und Oldtimertreffen bis zum Open-Air-Krimi- und Musical-Dinner. Zum Schloss gehört das urige Restaurant **Pferdestall** – in den ehemaligen Pferdeboxen wird heute gutbürgerliche Küche serviert (Schlossstr. 18, schloss-basthorst.de).

ℹ️ Schlossstr. 18 | Crivitz | schloss-basthorst.de

🅿️ An der Zufahrt zum Schloss (GPS 53.636935, 11.625111)

Insider-Tipp
Richtig dufte(n)

Eigentlich ist das Naturwerk in Basthorst (Schlossstr. 30 B) ein Blumenladen – doch gibt's hier auch erlesene Seifen, Tees und mehr (GPS 53.634932, 11.621777).

40 km Von Schloss Basthorst fahrt ihr nun zurück nach Crivitz, biegt dort nach links auf die Brüeler Straße ab, nach 400 m rechts auf die B 321, dann nach 1,5 km links auf die B 392 in Richtung Osten nach Goldberg.

Insider-Tipp
Moderne Keramik shoppen

Kurz hinter Techentin verkauft Ute Dreist in ihrer Keramikwerkstatt (abgelegen.de) ihr schickes, modernes Steinzeug (GPS 53.583773, 12.009464).

Goldberg

Die Lage ist top: Auf drei Seiten wird der 3500-Einwohner-Ort an der Mildenitz vom **Naturpark Nossentiner/Schwinzer Heide** umgeben, zudem ist er flankiert vom **Goldberger, Dobbertiner** und dem **Großen Medower See.** Die flachen Seen sind gute Angelgewässer, am Goldberger See gibt es eine Badestelle. Eine kurze Blüte als Kurstadt erlebte der Ort im 19. Jh. durch die Entdeckung einer eisenhaltigen

🅖 Tourenverlauf

Quelle; vom einstigen Glanz ist heute kaum mehr etwas zu spüren. In der von außen zwar wenig einladend wirkenden **Fischerklause** (Parkstr. 2) gibt es solide Hausmannskost zum fairen Preis. Und ein herrlich nostalgisches Erlebnis bietet die **Draisinen-Bahn** (mecklenburger-draisinenbahn.m-vp.de) – mit muskelkraftbetriebenen Schienenfahrzeugen zuckelt man durch die Landschaft. Start ist an der ehemaligen Kaserne im nahegelegenen Karow (GPS 53.549086, 12.224390).

🅿 *Kostenfreie Parkplätze findest du auf dem Schützenplatz (GPS 53.589357, 12.090772).*

| 19 km | Ab Goldberg geht es auf der B 192 nordwärts, nach rund 4 km heißt es dann rechts abbiegen auf die L 37 nach Krakow. |

Krakow am See

Das 3500-Einwohner-Städtchen in der **Krakower Seenlandschaft** ist geprägt von mittelalterlichen Fachwerkhäusern und kopfsteinegepflasterten Straßen. Flaniert an der Uferpromenade entlang, dort findet ihr gemütliche Restaurants und einen Bootsverleih. Auch Elektroboote starten hier zu **Rundfahrten** über den See. Am gegenüberliegenden Ufer lädt die älteste Badeanstalt Mecklenburg-Vorpommerns ein zum Sprung in das meist ziemlich frische Gewässer (Jörnbergweg 23 I GPS 53.658560, 12.274882).

🅿 *Auf dem Burgplatz zwischen See und Altstadt (GPS 53.651943, 12.271693)*

 An der Promenade gibt es einen kleinen Holzsteg – der Blick von dort über den Binnensee ist einfach zauberhaft (GPS 53.653153, 12.271836).

| 23 km | Von Krakow am See fährst du auf der L 37 Richtung Süden, die nach Querung der B 192 zur B 103 wird und nach Plau am See führt. |

| Spot **21** | **Plau am See** Postkartenmotive und Gutes für Gourmets ▶ **S. 170** |

| 20 km | Von Plau am See geht es auf der B 103 ein Stück zurück in Richtung Karow. Nach 8 km biegst du rechts ab auf die B 192 Richtung Malchow, das du kurz hinter Alt Schwerin erreichst. |

Von Güstrow nach Malchow **G**

Ziel **Malchow**

Das 6500-Einwohner-Städtchen erstreckt sich zu beiden Seiten des schmalen Malchower Sees. Ein Teil der Altstadt liegt auf einer Insel, die über einen Damm und die **historische Drehbrücke** von 1863 mit beiden Seeufern verbunden ist. Die Brücke wird mehrmals täglich für eine halbe Stunde geöffnet, um Boote passieren zu lassen, das Schauspiel lässt sich aus einem der vielen Cafés ringsum bestens beobachten. Dann lockt ein Besuch im Museum.

P Parkplatz Altstadt West in der Friedrich-Ebert-Straße (GPS 53.477950, 12.422398).

DDR-Alltagsmuseum im Filmpalast

„Guck mal, unser Schrank!", „ach, dein Radio!" – wer in der ehemaligen DDR groß geworden ist, kennt viele der Ausstellungsstücke, schließlich gab es damals oft nur ein Modell. Vom Eierbecher bis zum kompletten Wohnzimmer reicht das kunterbunte Sammelsurium, ein ganzes Stockwerk ist voller Spielzeuge, FDJ-Abzeichen und Orden. Als „Wessi" erhält man hier einen spannenden Einblick in die ostdeutsche Lebenswirklichkeit der Jahrzehnte vor dem Mauerfall.

i Kirchenstr. 25 | Mai–Sept. Di–So 10–17, April/Okt. 10–16 Uhr, Eintritt 4,50 €, Kinder 3,50 € | ddrmuseum-malchow.de

ZAUBERHAFT

Der Blick von oben offenbart die einzigartige Lage von Malchow

Spot 19

Güstrow
In der Ruhe liegt die Kraft

Am Rand der historischen Altstadt wacht das imposante Renaissanceschloss über den schmucken Marktplatz, bunt gestrichene Bürgerhäuser stehen Spalier an kopfsteingepflasterten Gassen, das Rathaus kommt in Tortenoptik daher und im Dom empfängt Barlachs Schwebender Engel die Besucher. Selbst an Wochenenden, wenn mehr Besucher kommen, wirkt die Barlachstadt Güstrow (30 000 Ew.) herrlich entspannt – Grund genug für einen längeren Boxenstopp.

P *Am Gleviner Platz gegenüber vom Schlossgarten darf man wochentags zwischen 9 und 15 Uhr max. 3 Stunden stehen, ab 15 Uhr und am Wochenende unbegrenzt (GPS 53.791070, 12.180623).*

RENAISSANCEJUWEL

Schloss Güstrow vereint italienische, französische und mitteleuropäische Bau- und Gartenkunst auf wunderbare Weise

Güstrow

AKTIVITÄTEN & SIGHTSEEING

1 Vergangenen Zeiten im Schloss nachspüren

Dieses 1671 fertiggestellte Bauwerk birgt Einflüsse italienischer, französischer und niederländischer Architektur und gilt als eines der bedeutendsten Renaissanceschlösser Nordeuropas. Sehenswert sind etwa der stuckierte **Deckenfries** aus den 1570er-Jahren im Festsaal, die Kunstsammlung aus Barock und Renaissance sowie eine Ausstellung historischer Jagd- und Prunkwaffen. **Infos:** Franz-Parr-Platz 1 | wegen Sanierungsarbeiten eingeschränkter Zutritt, Garten jedoch frei zugänglich, aktuelle Informationen s. Website | Eintritt 6,50 €, unter 18 J. frei | Tel. 03843 75 20 | mv-schloesser.de/de/location/schloss-guestrow

2 Barlachs Meisterwerke bewundern

Ernst Barlachs berühmte Bronzeskulptur „Der Schwebende" hat im **Dom** zu Güstrow ihren Platz gefunden, seinen fand der Bildhauer im **Atelierhaus** am Inselsee. Dort sind Plastiken, Zeichnungen und Grafiken zu sehen, weitere Arbeiten findest du etwa in der **Gertrudenkapelle**. **Infos:** Gertrudenplatz 1 (Dom), Heidberg 15 (Atelierhaus) | 1. April–31. Okt. Di–So 10–17, 1. Nov.–31. März Di–So 11–16, im Juli/August auch Mo 10–17 Uhr | Eintritt Atelierhaus 6 €, ermäßigt 4 €, Getrudenkapelle 4 €, ermäßigt 2,50 €, Kombiticket 9 €, ermäßigt 6,50 € | ernst-barlach-stiftung.de

3 Zum Türmer von St. Marien

Dieser Backsteingotikbau wurde 1308 erstmals erwähnt und im späten 19. Jh. zu einer dreischiffigen Hallenkirche umgebaut. Sehenswert ist etwa der **Flügelaltar** von 1522. Die ehemalige Dienstwohnung des Türmers ist heute ein Museum. **Infos:** Markt 31 | So/Fei 13–15, Dez.–März Di–Sa 13–15, April, Mai/Okt. Di–Sa 10–12 und 14–16, Juni–Sept. Mo–Sa 10–17 Uhr | pfarrgemeinde-guestrow.de 📷 Vom 53 m hohen Turm der Kirche machst du tolle Bilder.

> **Insider-Tipp**
> **Folgt dem blauen Faden**
>
> Ein mit blauen Pflastersteinen markierter Rundweg führt vom Marktplatz zu allen historischen und kulturellen Sehenswürdigkeiten in der Altstadt.

4 Nicht nur zur Weihnachtszeit

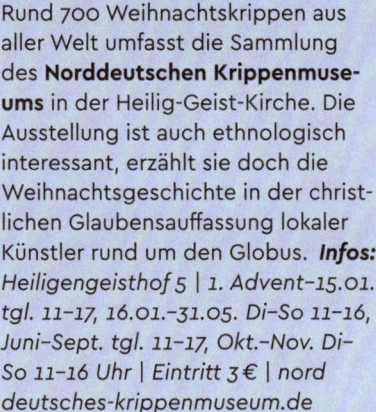

Rund 700 Weihnachtskrippen aus aller Welt umfasst die Sammlung des **Norddeutschen Krippenmuseums** in der Heilig-Geist-Kirche. Die Ausstellung ist auch ethnologisch interessant, erzählt sie doch die Weihnachtsgeschichte in der christlichen Glaubensauffassung lokaler Künstler rund um den Globus. **Infos:** Heiligengeisthof 5 | 1. Advent–15.01. tgl. 11–17, 16.01.–31.05. Di–So 11–16, Juni–Sept. tgl. 11–17, Okt.–Nov. Di–So 11–16 Uhr | Eintritt 3 € | norddeutsches-krippenmuseum.de

Spot 19 · Güstrow

5 Im Wildpark-MV Waldtiere erleben

Fast wie in freier Wildbahn leben hier Wölfe, Bären, Luchse und Eulen! Die Gehege sind teilweise begehbar. Durch ein Panoramafenster können auch Hechte und Aale beobachtet werden. Sehr spannend sind die Wolfswanderungen in der Abenddämmerung. ***Infos:*** *Primerburg | März 9–18, April–Okt. 9–19, Nov.–Feb. 9–16 Uhr | Eintritt 13 €, Kinder 3–16 Jahre 8 € | wildpark-mv.de* ***Parkplätze:*** *direkt am Eingang.*

ESSEN & TRINKEN

6 Kuchenpause im Café Küpper

Das kleine Café ist eine Institution in Güstrow – schon seit 1852 gibt's hier hausgebackene Kuchen, Torten und auch warme Snacks. Bei gutem Wetter ist der lauschige Innenhof der beste Platz für ein paar Extrakalorien. ***Infos:*** *Domstr. 15 | Mo–Fr 9–18, So 13–18 Uhr | Tel. 03843 68 24 85 | €€*

7 Maritim genießen im Klubhaus am Inselsee

Der Weg lohnt sich – für Fisch und Gutbürgerliches, perfekt zubereitet und zum fairen Preis. Das Ambiente ist rustikal-maritim, im Sommer sitzt du wunderbar im Garten. ***Infos:*** *An den Bootshäusern 1 | Mo–Fr ab 17, Sa/So ab 11, Okt.–März Sa/So 11–14.30 und ab 17 Uhr | Tel. 03843 21 87 87 | klubhaus-am-inselsee.de/ | €€* ***Parkplätze:*** *vor dem Restaurant.*

8 Regional trifft Dolce Vita im Marktrestaurant Voss

Mecklenburgische Spezialitäten und italienische Küche stehen vereint auf der Karte: Steaks und Schnitzel, Fisch und Pasta, auch vegetarische Gerichte. Bei

UNTERM KIRSCHBAUM

Im Klubhaus am Inselsee sitzt man unter Schatten spendenden Bäumen am Seeufer

der Zubereitung legt man hier Wert auf regionale und saisonale Zutaten. **Infos:** Markt 14 | Di–So 11.30–14.30, 17.30–22 Uhr | Tel. 03843 68 32 32 | marktrestaurant-voss.de | €€

EINKAUFEN

9 Viele hübsche Dinge findest du bei Inselliebe

Bücher und Mode, Schmuck und Deko-Schnickschnack, Tee und Süßwaren – alles unter fairen Bedingungen von Kunsthandwerkern und Künstlern in kleinen Manufakturen hergestellt. Echte Massenware findest du hier nicht, dafür so manches Unikat. **Infos:** Domstr. 2 | Mo–Fr 11–18, Sa 11–16 Uhr | insellieb-guestrow.de

STELL- & CAMPINGPLÄTZE

10 Praktisch und komfortabel

Zweckmäßiger Schotterplatz des Hotels Am Tierpark, mit WLAN, Restaurant und Brötchenservice für eine Nacht in Ordnung. Ab drei Nächten sind auch durch Bäume und Büsche geschützte Stellplätze verfügbar. Ganzjährig.

Caravanplatz Am Tierpark

€–€€ | Verbindungschaussee 7 | 18273 Güstrow
Tel. 03843 78 00 | hotel-am-tierpark@email.de
GPS: 53.7922954, 12.2151441

▶ **Größe:** 30 Stellplätze

11 Außerhalb, dafür am See

Der Platz rund 20 km südöstlich von Güstrow punktet mit ruhiger Lage am Garder See samt Badestelle, Supermarkt und Imbiss. Verleih von Kanus, Tretbooten und SUP-Boards, auf Wunsch Vermittlung von Leihwagen. Abenteuerlustige können eine Nacht im Baumzelt verbringen – und den Komfort im Wohnmobil ganz neu schätzen lernen. 1. April–31. Okt.

Campingplatz am Garder See

€€ | Am See 3 | 18276 Lohmen
Tel. 038458 2 07 22 |
campingplatz-gardersee.com
GPS: 53.692114, 12.061089

▶ **Größe:** ca. 8,6 ha, ca. 150 Stellplätze

Spot

Schwerin
Mediterran, urban – und beschaulich

Mit rund 95 000 Einwohnern ist die „Stadt der Sieben Seen" Deutschlands kleinste Landeshauptstadt. Die kompakte Größe hat den Vorteil, dass du locker von einer Sehenswürdigkeit zur anderen laufen kannst. Wahrzeichen Schwerins ist das prachtvolle Schloss, das auf einer kleinen Insel thront. Die lebendige Altstadt mit stilecht herausgeputzten Bürgerhäusern verströmt ein beinah mediterranes Flair.

P *Am Jägerweg – nur wenige hundert Meter von der Altstadt entfernt mit Blick auf See und Schloss. Auch über Nacht (GPS 53.619875, 11.411411).*

MÄRCHENHAFTER ARBEITSPLATZ
Im prächtigen Schweriner Schloss debattieren die Abgeordneten des Landtags

Schwerin

AKTIVITÄTEN & SIGHTSEEING

1 Ein Schloss wie im Märchen

Mit seinen unzähligen Türmchen, Giebeln und Vorsprüngen und der grandiosen Lage auf einer Insel braucht das Schweriner Schloss diesen Vergleich nicht zu scheuen. Das Bauwerk, heute Sitz des Landtags, geht zurück auf eine slawische Burg, die bereis vor rund 1000 Jahren auf der Insel stand. Mitte des 19. Jhs. erfolgte der Um- und Neubau im Stil der mecklenburgischen Renaissance. Der prächtige 25 ha große **Schlosspark** mit barocker Grundstruktur und Teilen im Stil englischer Landschaftsgärten lädt zum Flanieren ein. *Infos: Lennéstr. 1 | Schlossmuseum Mitte April–Mitte Okt. Di–So 10–18, Mitte Okt.–Mitte April Di–So 10–17 Uhr, Schlosspark immer zugänglich | Eintritt 8,50 €, unter 18 J. frei | Tel. 0385 5 25 29 20 | mv-schloesser.de/de/location/schloss-schwerin*

Insider-Tipp
Blick hinter die Schlosskulissen
Bei der geführten Tour „Vom Keller bis zur Kuppel" erhältst du ungewöhnliche Einblicke in die Räume des Landtags und noch nicht restaurierte Teile des Schlosses.

2 Das Theaterjahr genießen

Im Sommer schallen Arien von Verdi & Co. durch den **Alten Garten** – die Freiluft-Aufführungen vor der Kulisse des Schlosses sind das Highlight des Theaterjahrs in Schwerin. Mit Neuinszenierungen, Ballett und Konzerten hat das Mecklenburgische Staatstheater auch sonst viel zu bieten. *Infos: Alter Garten 2 | Tel. 0385 5 30 00 | mecklenburgisches-staatstheater.de*

3 Schwerin vom Wasser aus

Bei einer Rundfahrt mit der **Weißen Flotte** hast du die schönsten Seiten der Landeshauptstadt und ihrer Umgebung im Blick. Die Schiffstouren starten direkt neben dem Schweriner Schloss am Innensee. *Infos: Werderstr. 140 | weisseflotteschwerin.de/*

4 Zeitreise in das Leben davor

Die Frage, wie ein Leben ohne Strom, Handys und Internet überhaupt

5 Alles auf Rot im Feuerwehrmuseum

Spannend nicht nur für kleine Jungs: In Deutschlands größtem Feuerwehrmuseum gibt's mehr als 16 000 Exponate zu sehen – von der Handdruckspritze von 1840 über das Löschfahrzeug von 1990 bis zur kompletten Einsatzleitstelle. 100 echten stehen rund 3000 Miniatur-Feuerwehrautos gegenüber. Die Sammlung Kulturgeschichte des Feuers vermittelt anschaulich wie ein Brand entsteht. *Infos: Hamburger Allee 68 | April–Nov. 10–18 Uhr | Eintritt 5 €, Kinder 6–16 J. 3 €, bis 5 J. frei , 2-stündige Führung 40 €, Kinder 15 € | Tel. 0385 20 27 15 39 | ifm-schwerin.com/*

möglich war – beantwortet das **Schweriner Freilichtmuseum** mit Einblicken in die Lebenswelt vergangener Jahrhunderte. Inmitten alter Obstgärten stehen hier original erhaltene und rekonstruierte Bauernhäuser samt alter Dorfschule. *Infos: Alte Crivitzer Landstr. 13 | Mai–Okt. 10–18 Uhr | Eintritt 5 €, Kinder unter 7 J. frei , 7–17 Jahre 2 € | Tel. 0385 20 84 10 | schwerin.de/kultur-tourismus/kunst-kultur/bildende-kunst-museen/freilichtmuseum-schwerin-muess*

ESSEN & TRINKEN

6 Süßen Verlockungen erliegen

Die **Konditorei Café Rothe** gibt es gleich zweimal: in der Puschkinstraße und Am Markt. Die köstlichen Torten bekommt ihr an beiden Orten – am Markt auch draußen mit Blick aufs Gewusel. *Infos: Am Markt 11 | Mo–Sa 9–19, So 9–18 Uhr | cafe-rothe.de | €€*

7 Häferlkaffee und Kaiserschmarren

Einspänner und Melange, Tafelspitz und Palatschinken – die Karte des **Feinspitz** ist ein Best-of österreichischer Schmankerl. Hier könnt ihr euch auch mit den Delikatessen eindecken. *Infos: Puschkinstr. 31 | Di–Fr 11.30–20, Sa 10–18 Uhr | Tel. 0385 58 93 18 84 | zum-feinspitz.de | €–€€*

8 Der Fleischeslust frönen

Das könnt ihr im rustikal-gemütlichen **Ribhouse Jack the Ribber.** Spezialität sind – wenig überraschend – Rippchen, für die 14 Marinaden zur Wahl stehen, von Barbecue bis Orange-Ingwer-Vanille. Auch Burger, Steaks und Schnitzel. *Infos: Wittenburger Str. 48 |*

NOMEN EST OMEN

Den Namen Süduferperle trägt dieser Campingplatz am Schweriner See völlig zu Recht

Di-Do 17–21, Fr/Sa 17–22 Uhr | Tel. 0385 75 82 99 00 | jack-the-ribber.eu | €€

9 Fisch nordisch bis mediterran

Im **Restaurant Lukas** stehen klassisch-norddeutsche Gerichte wie Scholle Finkenwerder Art, Hering oder Matjes vereint mit mediterranen Spezialitäten auf einer Karte. Vegetarisches gibt's auch. **Infos:** *Großer Moor 5 | April–Dez. tgl. 11.30–22, Jan.–März Di–Sa 11.30–22, So 11.30–16 Uhr | Tel. 0385 56 59 35 | restaurant-lukas.de | €€*

STELL- & CAMPINGPLÄTZE

10 Ruhig und zentral

2019 eröffneter Stellplatz am Innensee, 2 km vom Zentrum entfernt, mit Wassersportzentrum und Bootsverleih. 25 Stellplätze mit ausreichend Platz zum Campingnachbar. Freien Seeblick bieten die Premiumplätze in erster Reihe sowie die Terrasse des Restaurants, das gehobene deutsche Küche serviert. Ganzjährig.

Wohnmobilhafen Hangar 19
€€ | Bornhövedstr. 95 | 19055 Schwerin Tel. 0385 58 97 98 1 | hangar-19.de GPS: 53.637571, 11.4331195

▶ *Größe: 25 Stellplätze*

11 Grandiose Lage am Schweriner See

Familiärer idyllischer Platz, ca. 8 km östlich vom Schweriner Zentrum auf einer Halbinsel am Südufer des Schweriner Sees. Schönes Wiesengelände mit altem Baumbestand, auch Stellplätze direkt am Wasser. Eigene Badestelle mit flachem Uferbereich, also wunderbar für Kinder geeignet. Imbiss, Bootsverleih, Tauchschule und Sportboothafen am Platz. Ausflüge per Rad in die naturnahe Umgebung, Boot fahren und SUP auf dem See. 1. April–31. Okt.

Camping Süduferperle
€€ | Forststr. 19 | 19065 Raben-Steinfeld 1 Tel. 03860 3 12 | sueduferperle.de GPS: 53.6035365, 11.4983532

▶ *Größe: 2 ha, ca. 70 Stellplätze*

Spot

Plau am See
Postkartenmotive und Gutes für Gourmets

Fachwerkhäuser und Kopfsteinpflaster, ein Rathaus mit Uhrtürmchen, eine alte Burg und ein kleiner Hafen, in dem Fischerboote schaukeln – Plau am See strahlt pure Bilderbuch-Beschaulichkeit aus. Und doch ist der Luftkurort mit seinen 6000 Einwohnern kein verschlafenes Nest. Vor allem entlang der Elde, die mitten durch das Städtchen fließt, geht es lebhaft zu. Plau überrascht zudem mit erstaunlich vielen Feinschmeckerlokalen.

P *Auf der kostenfreien Fläche an der Ecke B 103/Quetziner Straße sind zehn Plätze für Mobile reserviert. Auch über Nacht (dann 1,50 € Kurtaxe/Pers., GPS 53.461943, 12.266007).*

BEWÄHRTE TECHNIK
Für größere Boote wird die historische Hubbrücke über der Elde angehoben

AKTIVITÄTEN & SIGHTSEEING

❶ Der Stadtgeschichte nachspüren

Von Plaus ursprünglicher Festung aus dem 15. Jh. ist nur der backsteinerne Rundturm mit Kerker und Turmuhr von 1581 erhalten. Das zugehörige **Burgmuseum** erzählt vom Erfinder der Hochdruckdampfmaschine, der 1840 in Plau eine Dampfmaschinen-Fabrik eröffnete, und den Wasserflugzeug-Pionieren auf dem Plauer See. Zu sehen sind Ausstellungen zu alten Handwerksberufen und zur heimischen Vogelwelt. *Infos: Burgplatz 2 | Ostern–31. Okt. tgl. 10–17 Uhr | Turm 1,50 €, Museum 2,50 €, Kinder 0,50 € | burgmuseum-plau.eu*

❷ Historische Schleusen- und Brückentechnik bestaunen

Die Elde verbindet die Müritz mit der Elbe und bietet in Plau zwei Sehenswürdigkeiten, nur wenige hundert Meter voneinander entfernt: Die historische **Hubbrücke** und die **Eldeschleuse** mit **Hühnerleiter** sind Highlights (nicht nur) für Menschen, die sich für Technikgeschichte interessieren. *Infos: Elde-Kanal/Strandstraße Brücke (GPS 53.456662, 12.266490), Schleuse (GPS 53.456806, 12.260614)*

❸ Wälder und Wiesen im Naturpark erkunden

8 km nördlich von Plau beginnt der **Naturpark Nossentiner/Schwinzer Heide** mit weiten Kiefernwäldern, Wiesen-, Heide- und Moorgebieten sowie 60 Seen, die auf einem 300 km langen Rad- und Wanderwegenetz erkundet werden können. Mit etwas Glück bekommt man See- und Fischadler zu sehen. *Infos: Zentrale Anlaufstelle ist das Informationszentrum Karower Meiler | Ziegenhorn 1 | OT Karow | Mai–Sept. tgl. 10–17, April tgl. 10–16, Okt./Nov. und Feb./März Mo–Fr 10–16 Uhr, Dez./Jan. geschlossen | Eintritt frei | naturpark-nossentiner-schwinzer-heide.de Parkplätze: vor dem Informationszentrum*

❹ Happy End für Zirkusbären

Im **Bärenwald Müritz** haben gerettete Zoo- und Zirkusbären ein artgerechtes Zuhause gefunden. In großen naturnahen Gehegen können sie behütet ihren Lebensabend verbringen – und zeigen sich nur, wenn sie es wollen. *Infos: Am Bärenwald 1 | Stuer | 15. März–31. Okt. 9–18, 1. Nov.– 14. März 10–16 Uhr | Eintritt 11 €, Winter 6,50 €, Kinder 5 €, inter 3 € | baerenwald-mueritz.de*

❺ Wie leb(t)en die Bauern?

Im **Agroneum** erfährst du viel über die Welt der Feldarbeit gestern und heute. Neben original erhaltenen Bauernkaten und historischen Ackergeräten zeigt die Ausstellung, wie sich das bäuerliche Leben im Lauf der Zeit verändert hat. *Infos: Achter de Isenbahn 1 | Alt Schwerin | Erwachsene 9 €, Kinder von 4–16 Jahren 4,50 €, Familien 22,50 € | agroneum-altschwerin.de*

ESSEN & TRINKEN

6 Feinschmeckers Esszimmer
Vom einfachen Nudelgericht bis zum opulenten Mehrgänge-Menü – das elegante **Zeislers Esszimmer** an der Elde überzeugt mit Klassikern und kreativer Küche auf Gourmetniveau. Auch preiswertere Mittagstisch-Angebote. *Infos:* Strandstr. 4 | Di–So 12–21 Uhr | Tel. 038735 49 70 00 | zeisler.de | €€–€€€

7 Kreative Küche mit Aussicht
Die Lage am Wasser mit Blick auf die Hubbrücke ist unschlagbar und die Qualität der Gerichte im **Fackelgarten** top! Von französischer und asiatischer Küche inspirierte und klassisch-mecklenburgische Gerichte, auch kreative vegetarische Speisen. *Infos:* Dammstr. 1 | Mi–So 12–15, 17.30–22 Uhr | Tel. 038735 85 30 | fackelgarten.de | €€–€€€

8 Alles Käse!
Zum erstklassigen Käse- und Weinsortiment im **Plauder-Käseeck** gibt's eine Bistro-Karte mit delikaten Käsespezialitäten. Die Sitzecken und der schöne Innenhof sind absolut gemütlich. *Infos:* Wallstr. 2 | Mai–Okt. Mo/Di und Do–Sa 10–18, Okt.–Jan. Do/Fr 10–22, Sa 10–13, 18–22 Uhr, Feb./März geschl. | plauder-kaeseeck.de | €€

EINKAUFEN

9 Schlemmen und stöbern im Trödelstübchen & Café
Versunken in plüschige Sofas lässt du dir hier selbst gebackene Torten schmecken. Gestärkt kannst du dann durch Rares, Nützliches und Nippes stöbern. *Infos:* Große Burgstr. 25 | April–Okt. tgl. 13–18 Uhr, Okt.–April Mi Ruhetag |

SÜSSES UND RARES
Im Trödelstübchen beim Tortenschmaus den Blick nach einem Lieblingsstück schweifen lassen

Plau am See

troedelstuebchen-plau.de | €–€€ 📷 Am Yachthafen wartet mit dem hübschen Leuchtturm ein echtes Postkarten-Motiv (GPS 53.460763, 12.276563).

Insider-Tipp
F(r)isch vom Kutter

In leichter Schräglage dümpelt Köhns Fischkutter auf dem Elde-Kanal zwischen „Hühnerleiter" und Hubbrücke. Hier gibt's Backfisch & Co ohne Tamtam und Schischi.

STELL- & CAMPINGPLÄTZE

10 Schön ruhig und am See

Rund 3 km vom Stadtzentrum entfernt liegt auf einer bewaldeten Landzunge am Plauer See der Campingplatz Zuruf. Mit Imbiss, eigenem Badestrand, Boots- und Radverleih, Spiel- und Sportplätzen ist er bestens für den Familienurlaub geeignet. Zusätzliche Womo-Plätze gibt es vor der Schranke. Ganzjährig geöffnet. **Tipp:** Manche Navis leiten, wenn man von Süden kommt, von der B 103 über die Seeluster Bucht, mit größeren Mobilen fahrt ihr jedoch besser geradeaus Richtung Plau und dort rechts ab in die Seestraße.

Campingplatz Zuruf 😊

€€ | Seestr. 38 d | 19395 Plau am See
Tel. 038735 4 58 78 | campingpark-zuruf.de
GPS: 53.4390704, 12.2854248
▶ Größe: ca. 150 Stellplätze

11 Reif für die Insel

Idyllischer Natur-Campingplatz auf der Insel Werder mitten im Plauer See. Über Alt-Schwerin und eine kleine Brücke kommt man ganz bequem hinüber. Direkt am Eingang befindet sich der Wohnmobilhafen, der komfortable Platz selbst ist fest in der Hand von Dauercampern; FKK-Bereich im hinteren Teil. Brötchen-Service, kleine Kneipe, Sauna. Ganzjährig.

Inselcamping Werder

€€ | Insel Werder 8 | 17214 Alt Schwerin
Tel. 039932 4 20 74 | inselcamping.com
GPS: 53.485772999999, 12.322508
▶ Größe: 14 Stellplätze

AM KLEINEN MEER

Diesen tollen Blick auf Röbel und die Müritz könnt ihr selbst live vom Turm der Marienkirche genießen

Tour

Quer durchs Land der tausend Seen
Von Waren nach Röbel

Start & Spot	**22** Waren ▶ S. 184
98 km	
Spot	**23** Neubrandenburg ▶ S. 188
65 km	
Spot	**24** Neustrelitz ▶ S. 192
6 57 km	
Ziel	Röbel/Müritz ▶ S. 183

Stille Seen (fast) hinter jeder Straßenbiegung, meist eingebettet in eine dichte, ufernahe Vegetation. Das Herz der Mecklenburgischen Seenplatte ist die Müritz, zu Recht auch Kleines Meer genannt, ist sie doch das größte Binnengewässer innerhalb Deutschlands. Manchmal sorgt ein rauer Wind sogar für ordentlich Wellengang – zur Freude der Wassersportler. Neben der abwechslungsreichen Landschaft aus Wäldern, Wiesen und Seen verweisen Orte und Städte mit ihren kulturellen Schätzen auf eine lange und spannende Geschichte der Region.

Strecke 220 km
Reine Fahrzeit 3 Std. 30 Min.
Streckenprofil Überwiegend gut ausgebaute, oft schnurgerade Straßen. In der Mecklenburgischen Schweiz auch leicht hügelig und kurvig.
Empfohlene Dauer 5–7 Tage
Anschlusstouren

FACTS

Tour im Überblick

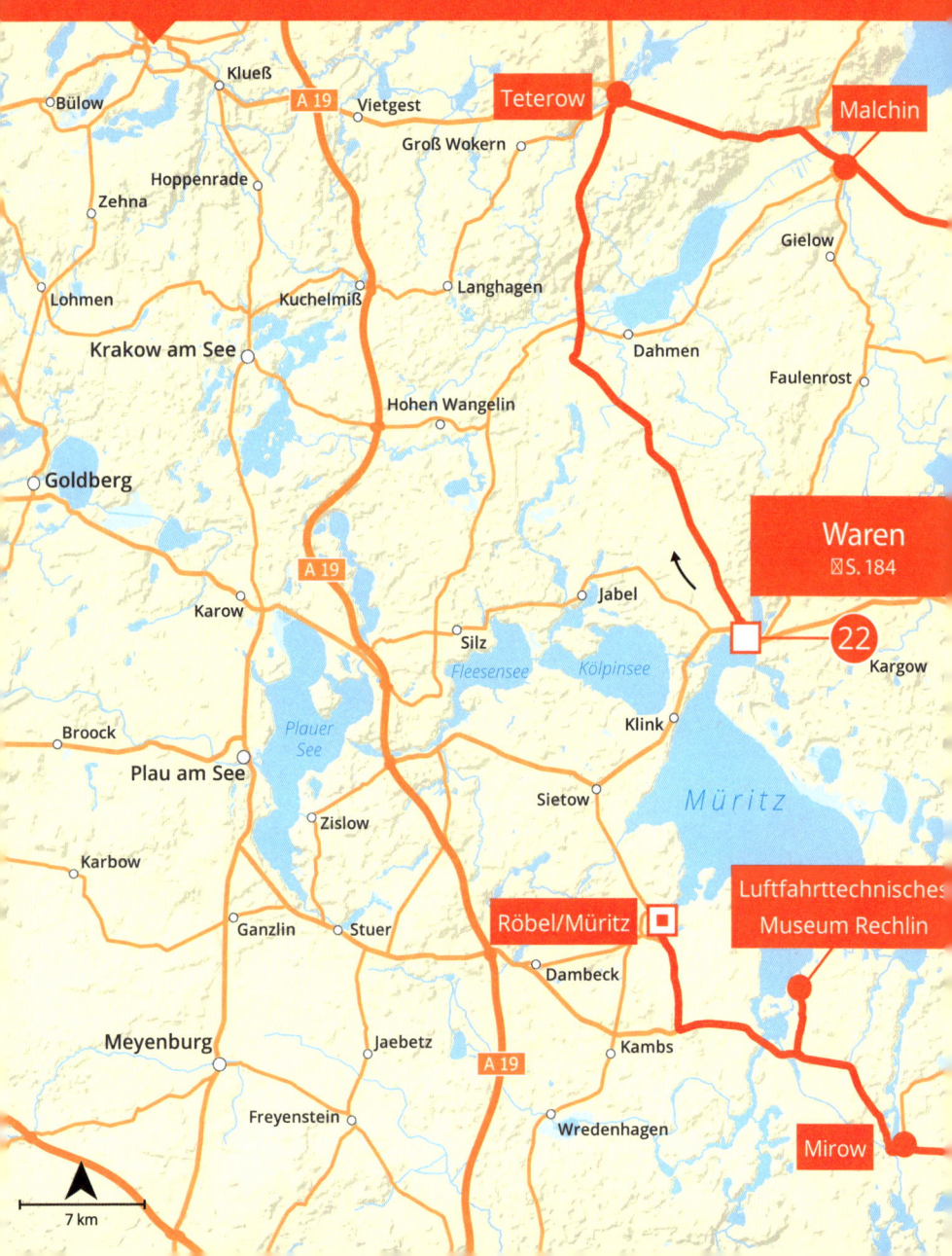

🅗 Tourenverlauf

| Start & Spot | ㉒ | **Waren**
Das Tor zum Müritz-Nationalpark ▶ S. 184 |

33 km — Von Waren fährst du auf der B 108 Richtung Norden durch die sanft-hügelige Landschaft der Mecklenburgischen Schweiz. Über Moltzow, Klocksin (mit einem „Indianerdorf") und Hohen Demzin (mit der Burg Schlitz) geht es bis nach Teterow.

Teterow
Hier bist du mitten drin: Denn die 9000-Einwohner-Stadt am gleichnamigen See ist das geografische Zentrum von Mecklenburg-Vorpommern. Der historische Stadtkern ist ringförmig um den **Marktplatz** gebaut, drum herum verläuft die Ringstraße, deren vier Abschnitte nach den Himmelsrichtungen benannt sind. Mach einen gemütlichen Bummel durch die kompakte Innenstadt, in der hübsch herausgeputzte Häuser oft direkt neben Gebäuden stehen, an denen der Zahn der Zeit überdeutlich nagt – ein markanter Kontrast. Gut essen kannst du im Restaurant in der historischen **Stadtmühle** (Mühlenstr. 1) aus dem 17. Jh., eine Tasse Kaffee und ein leckeres Stück Kuchen gibt's im **Café am Markt**.

🅿 *Parkplatz Grüner Weg/Kapitän Kaempff-Weg, nur wenige Gehminuten vom Markt entfernt (GPS 53.775443, 12.578413). Auch größere Wohnmobile finden auf dem hinteren Teil Platz.*

> **Insider-Tipp**
> **Action gefragt? Dann hin zum Bergring!**

Seit 1930 finden auf dem Teterower Bergring (GPS 53.789362, 12.549482) Motorrad-Rennen statt, jedes Jahr an Pfingsten und an weiteren Terminen. Action pur!

15 km — Über Remplin fährst du auf der gut ausgebauten B 104 ostwärts, überquerst den Dahmer Kanal und erreichst nach 15 km Malchin.

Malchin
Dieser schöne Ort inmitten der wald- und wiesenreichen Mecklenburgischen Schweiz zwischen Malchiner und Kummerower See ist ideal für eine kleine oder auch längere Pause. Wahrzeichen des 7500-Einwohner-Städtchens sind das schmucke **Rathaus**, zwei historische **Stadttore** und die gotische **Backsteinkirche**. Weniger schön sind die

Von Waren nach Röbel

Zweckbauten drumherum. Wer länger bleiben will, fährt zum **Ohoi-Camping** am Kummerower See (GPS 53.771814, 12.835462): Ein junges Team hat dem Platz neues Leben eingehaucht, in entspannter Atmosphäre stehst du hier auf einer Wiese direkt am Wasser.

P *Wohnmobil-Fläche beim kleinen Stadthafen (Kösters Eck, GPS 53.743035, 12.766014). Die Innenstadt ist von hier zu Fuß erreichbar.*

18 km Von Malchin geht es nun auf der B 104 in südöstliche Richtung bis Stavenhagen, kurz vor Ortsende fahrt ihr links ab auf die Treptower Straße (L 273) bis nach Ivenack.

Ivenack
Im diesem Dörfchen scheint die Zeit vor hundert Jahren stehengeblieben zu sein. Schmucke kleine Häuser säumen die kopfsteingepflasterte Straße, die durch den Ort führt und an deren Ende das **Schloss Ivenack** am Seeufer thront. Das Anwesen, ein ehemaliges Zisterzienserinnenkloster aus dem 13. Jh., ist heute in Privatbesitz und wird nach und nach saniert. Besonders lohnend ist der Besuch des **Damwild-Tierparks Ivenacker Eichen** mit seinen imposanten Bäumen: Der stärkste Baumriese hat einen Umfang von fast 12 m, soll rund 1000 Jahre alt sein und gilt damit als älteste Eiche in Deutschland. Durch einen Teil des Parks führt ein barrierefreier **Baumkronenpfad**.

DER WEG IST DAS ZIEL

Anhalten, aussteigen und die Schönheit der Mecklenburgischen Schweiz genießen

BLICK IN DIE BAUMKRONEN

Die Ivenacker Eichen gehören zu den ältesten und mächtigsten Bäumen Deutschlands

Tierpark Ivenacker Eichen | Mai–Sept. 9.30–18, April und Okt. bis 17, im März nur Sa, So bis 16 Uhr | Eintritt 5 €, mit Baumwipfelpfad 9 €, Kinder 4–8 € | ivenacker-eichen.de

P *Ein großer Parkplatz liegt gleich gegenüber vom Eingang (GPS 53.716558, 12.951932), ein weiterer in der Eichenallee neben dem Schloss (GPS 53.713353, 12.955110).*

32 km | Nun geht es südwärts in Richtung Wackerow, dann in Ritzerow links ab auf die B 104 nach Rosenow und weiter über Kleeth nach Neubrandenburg.

Spot **Neubrandenburg**
Vier Tore führen ins Mittelalter ▶ S. 188

11 km | Von Neubrandenburg geht es auf der B 96 weiter Richtung Süden, bis ihr links auf die L 33 in Richtung Burg Stargard abbiegt.

Burg Stargard

Gänsehaut gefällig? Wer den Bergfried dieser Burg besteigt, bekommt mittelalterliche Folterwerkzeuge und ein üppig ausstaffiertes **Verlies** zu sehen – schön schaurig! Die im 13. Jh. errichtete Wehran-

Von Waren nach Röbel

lage ist die nördlichste Höhenburg Deutschlands und das Wahrzeichen des gleichnamigen Orts. Das elf erhaltene Gebäude umfassende Backstein-Ensemble besteht neben dem Bergfried aus einer Vor- und einer Hauptburg. Zur Nervenberuhigung bietet sich ein Gang durch den **Kräutergarten** an – eine kleine Aromatherapie. Wenn das nicht reicht, gönnt euch noch ein leckeres Stück Kuchen im **Burg-Café.**

ℹ️ *Burg 1 | Burg Stagard | März–Okt. tgl. 10–17 Uhr | 3 € | hoehen burg-stargard.de*

🅿️ *Zur Burg gehört der Parkplatz direkt davor (GPS 53.490757, 13.307237).*

24 km | Nach diesem Zwischenstopp geht es auf der L 331 über Teschendorf und Gramelow weiter, in Stolpe biegst du rechts auf die B 198 ab. Nach 2 km folgst du in Möllenbeck links der Dorfstraße (L 34) in Richtung Feldberg, das nach weiteren 10 km erreicht ist.

Feldberg

Der Kneipp-Kurort liegt inmitten der ausgedehnten **Feldberger Seenlandschaft** und zählt rund 4800 Einwohner. Hufeisenförmig zieht sich das hübsch-beschauliche Städtchen an den Ufern des Haussees entlang. Hier gibt es ein paar nette Cafés, am westlichen Ufer erstreckt sich der **Kurpark,** der sich für eine Pause anbietet, das östliche Ufer gehört zur Halbinsel Amtswerder.

🅿️ *Auf dem Parkplatz Weidendamm finden auch größere Wohnmobile Platz (GPS 53.335720, 13.441271, auch über Nacht).*

📷 *Der öffentlich zugängliche Garten zwischen Kirchberg und Strelitzer Straße ist ein in jahrzehntelanger Arbeit liebevoll angelegtes kleines Paradies (GPS 53.336031, 13.436566) – schöne Motive (nicht nur) für Botanik-Fans.*

> **Insider-Tipp**
> **Badestelle vor der (Womo)tür**
>
> *Gegenüber vom Parkplatz am Haussee lockt eine Naturbadestelle zum Sprung ins kühle Nass (GPS 53.336861, 13.442144).*

30 km | Von Feldberg fährst du auf der gut ausgebauten L 34 wieder zurück bis Möllenbeck. Hier geht es links ab auf die B 198, die über Carpin nach Neustrelitz führt.

Tourenverlauf

Spot **24** **Neustrelitz**
Eine Residenzstadt als Gesamtkunstwerk ▶ **S. 192**

25 km | Auf einer recht schmalen Allee und der ziemlich kurvigen L 25 fährst du in westliche Richtung weiter bis nach Mirow.

Mirow

Bekannt ist das beschauliche Städtchen am Mirower See als Geburtsort der späteren britischen Königin Charlotte (geb. 1744) und für seine zauberhafte **Schlossinsel.** Während die sanierten, spätbarocken Prachtbauten auf der Insel den herrschaftlichen Glanz von einst verströmen, hat das benachbarte leerstehende Untere Schloss den morbiden Charme eines *Lost Place.* Die Lage mitten in der **Mecklenburgischen Kleinseenplatte** macht Mirow zu einem beliebten Ziel für **Wasserwanderer;** das weitläufige Netz aus miteinander verbundenen Binnengewässern und Flüsschen führt bis zur Müritz und Havel. Von Mirow aus kannst du also gut für ein paar Tage vom Wohnmobil ins Kanu umsteigen und die Seenplatte vom Wasser aus erkunden. In und um Mirow gibt es mehrere Anbieter, die Kanus verleihen, etwa die **Kanu-Basis** *(An der Clön 2 | kanubasis.de | GPS 53.289790, 12.795563).*

> **Insider-Tipp**
>
> **Fischimbiss mit Seeblick**

Den besten geräucherten Fisch weit und breit gibt's am Seeufer im **Fischereihof Mirow,** am besten direkt vor Ort verputzen (GPS 53.272319, 12.808344).

14 km | Auf der B 198 geht es nun westwärts in Richtung Röbel. Etwa auf halber Strecke biegt man rechts ab in die Straße Ellerholz – und kommt zu einem spannenden Museum in Rechlin.

Luftfahrttechnisches Museum Rechlin

Fokker, Dornier, Messerschmitt, MIG: In diesem Museum auf dem Areal der ehemaligen Erprobungsstelle der Luftwaffe ist heute ein Who-is-Who historischer deutscher und sowjetischer Flugzeuge und Hubschrauber versammelt.

ℹ️ *Am Claassee 1 | Rechlin | April–Okt. 10–17, Feb.–März Mo–Do 10–16, Fr 10–15 Uhr | Eintritt 8 €, Kinder 3 € | luftfahrttechnisches-museum-rechlin.de*

🅿️ *Museums-Parkplatz (GPS 53.350079, 12.725899)*

Von Waren nach Röbel

18 km — Vom Museum fährst du zurück zur B 198 und biegst rechts ab. Kurz hinter Vipperow überquerst du den Müritzarm, etwa 1,5 km danach geht es wieder rechts ab auf die L 241, die direkt nach Röbel führt.

Ziel Röbel/Müritz

Über bunt gestrichenen Fachwerk- und Bürgerhäuschen ragen zwei frühgotische Kirchtürme auf – Röbel/Müritz ist sehr viel charmanter, als der amtlich-spröde klingende Name vermuten lässt. Der Ortskern, der sich entlang der Hauptstraße erstreckt, die lange Promenade am Ufer des Binnensees und der kleine **Hafen** verleihen dem Städtchen (5300 Ew.) maritimes Flair. Im Hafen starten Ausflugsschiffe zu **Rundfahrten auf dem Kleinen Meer,** wie die Müritz auch genannt wird. In Röbel lohnt sich vor allem der Besuch eines Fisch-Restaurants – davon gibt es hier einige wirklich gute, etwa das **Fischhaus Meyl** an der Hauptstraße (Straße der Deutschen Einheit 48).

P In der Seebadstraße am Binnensee (GPS 53.384147, 12.608148), über die Uferpromenade kommst du zu Fuß in die Altstadt.

📷 Im Turm von Röbels St.-Marien-Kirche führt erst eine gewundene, ausgetretene Backsteintreppe, dann eine knarrende, uralte Holzstiege nach oben. Schon das ist ein Erlebnis, der Panoramablick dann das Bonbon (GPS 53.381183, 12.611766).

ANKER LICHTEN

Im Fischimbiss Mirow soll es nämlich den besten geräucherten Fisch der Gegend geben

Spot 22

Waren
Das Tor zum Müritz-Nationalpark

Ein urbanes Kleinod zwischen Wasser und Wald: Die Hafenstadt Waren mit ihren rund 21 000 Einwohnern ist der Hauptort an der Müritz. In den von schmucken Fachwerkhäusern gesäumten Gassen der historischen Altstadt und rund um den Hafen findest du gemütliche Cafés, Restaurants und Geschäfte. Waren bietet zwar auch ein breites kulturelles Angebot, gemeinsam mit Neustrelitz gilt es aber in erster Linie als ideale Basis für längere Wander- und Radtouren im Müritz-Nationalpark.

P *Nur etwa 500 m vom Stadtzentrum entfernt liegt der Parkplatz Zum Amtsbrink (GPS 53.516327, 12.6812). Eine von Hecken geschützte Schotterfläche ist für Wohnmobile reserviert, dort darf auch übernachtet werden.*

HAUS DER 1000 SEEN

Im Müritzeum, dem Infozentrum des Müritz-Nationalparks, gibt es viel zu entdecken

Waren

AKTIVITÄTEN & SIGHTSEEING

① Die Natur genießen im Müritz-Nationalpark

Dieser Nationalpark ist riesig, die urwüchsigen Wälder sowie die Moor- und Seenlandschaft kannst du erwandern, mit dem Rad oder per Boot entdecken. Der **Nationalpark-Service Müritz** liegt rund 8 km südöstlich von Waren in Federow. Lohnend sind u. a. die geführten Touren wie etwa die abendlichen Kranich-Touren zwischen August und Oktober. *Infos:* Damerower Str. 6 | Federow | nationalpark-service.de **Parkplätze:** direkt am Nationalpark-Service (GPS 53.483985, 12.759278)

② Hinaus aufs Kleine Meer

Im **Hafen,** am Rand der historischen Altstadt, reihen sich an der Uferpromenade viele gute Restaurants, Cafés und Shops mit Nützlichem und Nippes. Hier starten die Ausflugsschiffe zu **Touren** auf der Müritz, dem Kleinen Meer – und den unzähligen anderen Gewässern der Mecklenburgischen Seenplatte. Auf keinen Fall verpassen! *Infos:* Müritzstr. 14 | waren.m-vp.de/stadthafen 📷 Von der Mole vis-à-vis Yachthafen und Hafenpromenade hast du freien Blick auf die Altstadt mit den im Hafen vertäuten Booten, zur anderen Seite in die Weiten der Müritz (GPS 53.510679, 12.686896).

③ Die Backsteingotik der St. Georgen-Kirche bestaunen

Dieser sehenswerte Sakralbau wurde im 14. Jh. errichtet, im späten Mittelalter aber durch mehrere Brände fast völlig zerstört. Seine heutige Ausgestaltung erhielt die Kirche Mitte des 19. Jhs. mit Kanzel, Altar und Empore im neogotischen Stil. Prächtig sind die Buntglasfenster. *Infos:* Sankt-Georgen-Kirchplatz | Mai–Sept. Mo–Sa 10–16, Okt. Mo–Sa 11–15 Uhr | stgeorgen-waren.de

④ Großes Theater erleben bei der Müritz-Saga

Die mit Sagen und Legenden aus der Müritzregion gewürzten Stücke über mutige Bauern und fiese Adelige spielen zur Zeit des 30-jährigen Krieges. Aufgeführt werden die aufwendig inszenierten Akte auf der Warener **Freilichtbühne.** *Infos:*

⑤ Im Müritzeum mehr über die Natur erfahren

Das auch Haus der 1000 Seen genannte Infozentrum vermittelt auf spannende, multimediale und interaktive Weise die Natur der Mecklenburgischen Seenplatte. Im **Aquarium** kannst du in 26 verschiedenen Becken die modellhaft angesiedelte Unterwasserfauna und -flora der Region aus der Nähe kennenlernen. Vogelliebhaber kommen in den oberen Etagen auf ihre Kosten. Das Müritzeum ist zugleich **Infozentrum** für kulturelle und touristische Erlebnisse in der Region. *Infos:* Zur Steinmole | April–Okt. 10–19, Nov.–März 10–18 Uhr | Eintritt 12 €, Kinder 6–16 J. 5 €, unter 6 J. frei | mueritzeum.de

Spot 22 · Waren

Buchenweg 37 | Ende Juni–Anfang Sept. Mi–Sa 19.30, So 17 Uhr | mueritz-saga.de

Insider-Tipp
Die neue Lieblings-Kaffeetasse finden

Auf dem Wochenmarkt gibt's alles in Blau-Weiß, von rustikaler Keramik bis zur Tischdecke (Di und Do 9–17 Uhr, Neuer Markt).

ESSEN & TRINKEN

❻ Torten zum Niederknien!

In der hübsch restaurierten ehemaligen Feuerwache mitten in der Altstadt bietet **Dat Tortenhus** seine hausgemachten Torten und Kuchen an. Mitnehmen oder gleich vor Ort vernaschen. Unwiderstehlich! **Infos:** Kirchenstr. 16 | April–Okt. Di–So 11–18, Nov.–März 13–18 Uhr | dat-tortenhus.de

❼ Speisen in erster Reihe

Mit Blick über den Hafen und die Müritz kannst du im **Restaurant Leddermann** deinen Gaumen verwöhnen lassen, z. B. mit feinen Fischgerichten, aber auch mit Leddermann's Burger und tollen Desserts. Auch zum ausgedehnten Frühstück vom üppigen Buffet bist du hier richtig. **Infos:** Müritzstr. 16 | tgl. 8–22 Uhr | Tel. 03991 7 79 62 40 | restaurant-leddermann.de

EINKAUFEN

❽ Im Schokoladenhimmel

Die preisgekrönten Schokoladenkreationen von **Kilian & Close** werden traditionell handwerklich hergestellt. Waren ist Stammsitz der Edel-Chocolatiers, im stylish-minimalistischen Ladengeschäft kannst du den Meistern bei der Arbeit zuschauen – und dich mit den süßen

> **BLAU UND WEISS**
>
> An diesem Stand auf dem Warener Wochenmarkt findet ihr (fast) alles, nur keine anderen Farben

Sünden eindecken. *Infos: Lange Str. 51 | Mo–Sa 11–17 Uhr | kilian-close.com*

⑨ Meeresgetier und Müritzfische

Das **Fischkaufhaus** etwas außerhalb gilt auch überregional als erste Adresse für fangfrischen Fisch aus aller Welt und oft auch aus heimischen Gewässern. Letzteres ist zudem gut fürs Gewissen, denn die Müritzfischer arbeiten nachhaltig und die kurzen Transportwege sind besser für die Umwelt. *Infos: Eldenholz 42 | Mo–Fr 8–18, Sa/So 8–13 Uhr | fischkaufhaus.de*

STELL- & CAMPINGPLÄTZE

⑩ Flower Power fürs Wohnmobil

Zentral, aber recht ruhig, ca. 400 m von Hafen und Innenstadt entfernt, befindet sich der geschotterte und mit allem Notwendigen ausgestattete Stellplatz. Hübsches fürs Wohnmobil hat der Blumenladen am Platz. Ganzjährig.

Stellplatz am Blumenhaus 🐾

€ | Unterwallstr. 24 | 17192 Waren
Tel. 03991 66 85 57 | blumen-und-parken.de
GPS: 53.5133731, 12.6942042

▶ *Größe: 40 Stellplätze*

⑪ Im Wald UND am Wasser

Naturbelassene, idyllisch mitten im Wald gelegene Anlage am Durchgang zwischen Binnen- und „richtiger" Müritz. Das große unparzellierte Gelände bietet schattige und sonnige Stellplätze, Bistro und Kiosk. Die Infrastruktur ist top, eine perfekte Location für ein paar entspannte Nächte. Nur 3 km zur Innenstadt, eine ideale Fahrraddistanz. Ganzjährig.

Campingplatz Ecktannen 🐾👶☀

€€ | Fontanestr. 66 | 17192 Heilbad Waren (Müritz)
Tel. 03991 66 85 13 | camping-ecktannen.de
GPS: 53.49961, 12.66719

▶ *Größe: 17 ha, ca. 350 Stellplätze, 50 Dauercamper. Vor der Schranke gibt es noch weitere 17 Stellplätze für Wohnmobile.*

Spot 23

Neubrandenburg
Vier Tore führen ins Mittelalter

Nach Rostock und Schwerin ist Neubrandenburg mit rund 65 000 Einwohnern die drittgrößte Stadt Mecklenburg-Vorpommerns. Besonders beeindruckend: Das historische Zentrum ist fast vollständig von einer mittelalterlichen Stadtmauer umgeben, die nur von vier spätgotischen Toren unterbrochen wird. Echte Hingucker sind auch die Wiekhäuser, Verteidigungs- und Beobachtungsbauten, die auf Stadtbefestigungen aufgesetzt wurden.

P *Auf dem großen Parkplatz am Stargarder Tor ist ausreichend Platz auch für größere Mobile, die Einfahrt ist am Weidenweg (GPS 53.551632, 13.263870).*

WEHRHAFTE BACKSTEINGOTIK

Das Friedländertor mit Vor- und Haupttor sollte die Stadt auf der Ostseite vor Angreifern schützen

Neubrandenburg

AKTIVITÄTEN & SIGHTSEEING

1 Bollwerk aus dem Mittelalter

So etwas findet man nicht allzu oft: Auf rund 2,5 km umschließt eine mächtige, teils 7 m hohe **Stadtmauer** aus Feldsteinen ringförmig das historische Zentrum der Stadt. Ein grüner Gürtel aus Bäumen und Büschen umgibt die Festungsanlage, die Straßen im Zentrum sind gitternetzartig angelegt und führen zu vier eindrucksvollen **Stadttoren** (14./15. Jh.). Sehenswert und im Wortsinn herausragend sind die in die Mauer eingelassenen mittelalterlichen **Wiekhäuser** im Fachwerkstil – einige dieser früheren Verteidigungsposten wurden zu gemütlichen Cafés oder Restaurants umfunktioniert. Die Stadtmauer verläuft entlang der 1. bis 4. Ringstraße. *Infos: 1. Ringstr. | neubrandenburg.m-vp.de*

2 Griechenland lässt grüßen

Über dem nordwestlichen Steilufer des Tollensesees thront das **Belvedere**, ein weißer Säulenbau, der an einen griechischen Tempel erinnert und der Bedeutung des Wortes – schöne Aussicht – absolut gerecht wird. 1775 ließ der Herzog zu Mecklenburg-Strelitz hier seinen Sommersitz errichten, 1823 erfolgte die Umgestaltung zur heutigen Form. In den Sommermonaten ist das Belvedere auch Kulisse für Konzerte und Theateraufführungen. *Infos: Belvedere Parkplätze: Vom Platz an der Oelmühlenstraße (GPS 53.550220, 13.236672) sind es nur noch wenige Minuten zu Fuß.*

3 Konzertgenuss in der Marienkirche

Am Ende des Zweiten Weltkriegs standen nur noch die Außenmauern der Marienkirche, eines der bedeutendsten Bauwerke norddeutscher Backsteingotik. Nach jahrzehntelangem Wiederaufbau beherbergt die mehr als 700 Jahre alte Backsteinhülle nun die Konzertkirche Neubrandenburg, in der hochkarätige Musik-Events, von Orgel- über Klassik- bis hin zu Rock-Konzerten stattfinden. Termine online. *Infos: An der Marienkirche | konzertkirche-nb.de*

4 Neu-Brandenburg von oben

Das **Haus der Kultur und Bildung** (HKB) ist das zweithöchste Gebäude

5 Schauergeschichten lauschen im Hexenmuseum

Schaurig-spannend, aber wissenschaftlich fundiert, beleuchtet das Hexenmuseum auf **Burg Penzlin** (ca. 15 km westlich) den Mythos „Hexe". Die Ausstellung bietet mit historischen Dokumenten zu Hexenprozessen und Folterwerkzeugen einen Einblick in das düstere Kapitel der Hexenverfolgung. Sehenswert sind auch der Kräutergarten und die alte Burgküche. *Infos: Alte Burg 1 | Penzlin | Mai–Aug. 10–18, April, Sept. und Okt. 10–17, Nov.–März nur Sa/So 13–16.30 Uhr | Eintritt 5 €, Kinder bis 5 J. frei | alte-burg.amt-penzliner-land.de*

der Stadt und ein Relikt aus sozialistischer Zeit, in den 1960er-Jahren in schlicht-modernistischer DDR-Architektur erbaut. Nach einer langen und teuren Sanierung hat man nun von der Aussichtsplattform im 16. Stock einen fantastischen Blick über Neubrandenburg und den Tollensesee. **Infos:** Marktplatz 1 | Mo–Fr 8–18, Sa/So 14–18 Uhr | vznb.de

ESSEN & TRINKEN

6 Im ältesten Restaurant

Zwischen Stargarder Tor und Konzertkirche liegt das traditionsreiche **Restaurant Fürstenkeller.** Im urigen Gewölbekeller genießt man gutbürgerliche Küche – wie schon im 19. Jh. der Schriftsteller Ernst Reuter. **Infos:** Stargarder Str. 37 | Mo–Sa ab 17, Mittagstisch Do–So 11.30–14 Uhr | Tel. 0395 5 69 19 91 | fuerstenkeller.com | €€

7 Sattessen im Wiekhaus 45

Bei gutem Wetter sitzt du draußen direkt an der historischen Stadtmauer, sonst in den schmalen Galeierräumen dieses dreistöckigen Wiekhauses. Die Küche ist solide, gutbürgerlich und dem Ambiente entsprechend rustikal – und reichlich! **Infos:** 4. Ringstr. 44 | Di/Mi ab 16, Do–So ab 11 Uhr, Mo Ruhetag | Tel. 0395 5 66 77 62 | wiekhaus45.de | €€

8 Gerührt oder geschüttelt?

Nur ein paar Schritte weiter kann der Abend fortgesetzt werden – im benachbarten Wiekhaus residiert heute das **Winehouse,** eine elegante Bar und Lounge. Hier kannst du coole Cocktails schlürfen oder die umfangreiche Weinauswahl testen. Es gibt auch Tapas und

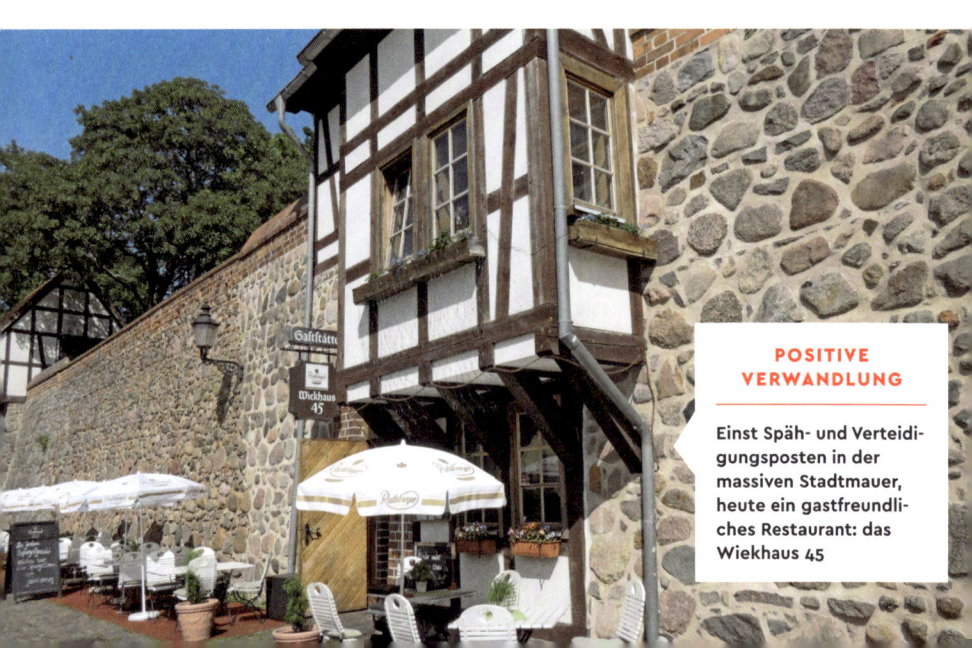

POSITIVE VERWANDLUNG

Einst Späh- und Verteidigungsposten in der massiven Stadtmauer, heute ein gastfreundliches Restaurant: das Wiekhaus 45

Neubrandenburg

einen Cocktail-Workshop. *Infos:* 4. Ringstr. 45 | tgl. ab 18 Uhr | winehouse-nb.de | €€

EINKAUFEN

9 Edle Tropfen kaufen

Über 700 Weine zur Auswahl – der an das gleichnamige Restaurant angeschlossene **Weinhandel Wollenberg** stellt auch Kenner vor die Qual der Wahl. *Infos:* Lindenstr. 43 | Mo–Fr 11.30–14, Di–Sa 17.30–21 Uhr, So Ruhetag | Tel. 0395 3 68 34 34

STELL- & CAMPINGPLÄTZE

10 Ein Feriendorf mitten im Wald

Die letzten 2 km auf holprigem, schmalem Kopfsteinpflaster ist der idyllische Platz mit Blick auf die Stadt allemal wert. Viele Dauercamper und Bungalows, für Wohnmobile gibt es eigene, unparzellierte Wiesenflächen, einige davon direkt am Ufer des Tollensesees. Griechisches Restaurant, täglich frische Brötchen am Kiosk, großer Sandstrand mit Badeinsel, Beachvolleyballfeld. Anfang April–Ende Okt.

Camping Gatsch-Eck

€ | Gatscher Damm | 17039 Wulkenzin
Tel. 0395 5 66 51 52 | camping-gatsch-eck.de
GPS: 53.514493, 13.206455

▶ *Größe:* 30 *Stellplätze für Wohnmobile*

11 Mit allem drum und dran

Trotz der Lage im Gewerbegebiet am südlichen Stadtrand hat dieser Stellplatz viele Vorzüge: gepflegt, komfortabel, geschützt hinter Buschwerk – und nur einen Steinwurf vom Seeufer entfernt. Dank Komplettausstattung auch für mehrere Nächte geeignet. Auf dem Uferrundweg sind es 4 km zur Innenstadt, bequem per Rad zu erreichen. Wassersportzentrum, Boots- und Kanuverleih. Anfang April–Ende Okt.

Wohnmobilstellplatz am Yachthafen

€ | Augustastr. 7 | 17033 Neubrandenburg
Tel. 0171 4 01 34 88 | yachthafen-nb.de
GPS: 53.5378371, 13.2561555

▶ *Größe:* 30 *Stellplätze*

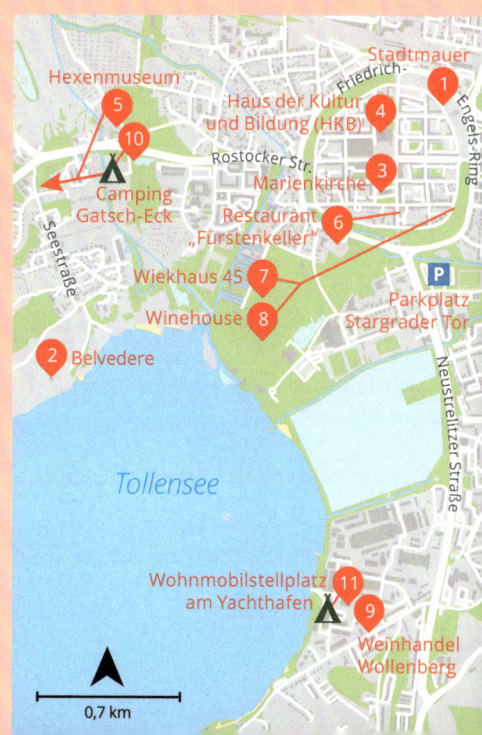

Spot 24

Neustrelitz
Eine Residenzstadt als Gesamtkunstwerk

Sternförmig gehen die Straßen der 20 000-Einwohner-Stadt am Zierker See vom quadratischen Marktplatz ab, gesäumt von imposanten Bürgerhäusern – ein barockes Gesamtkunstwerk. Der historische Stadtkern ist weitgehend erhalten und zeugt von der einstigen Bedeutung der Stadt: Neustrelitz war Residenzstadt mecklenburgischer Herzöge und nach Ende der Monarchie Landeshauptstadt von Mecklenburg-Strelitz. Charmant und lebendig ist es am kleinen Hafen mit seinen gemütlichen Cafés und Restaurants – dort wartet auch ein komfortabler Wohnmobilstellplatz.

🅿 *Gut parkt man in der Zierker Nebenstraße direkt am Hafen (GPS 53.365557, 13.055991). Nebenan liegt auch ein Stellplatz (s. S. 195). Das Stadtzentrum ist in wenigen Minuten zu Fuß erreichbar.*

GRÜNES HERZ

Vom einst prächtigen Residenzpalast ist der weitläufige barocke Schlosspark geblieben

Neustrelitz

AKTIVITÄTEN & SIGHTSEEING

1 Durch den Schlossgarten wandeln

Neustrelitz hat ein grünes Herz – den weitläufigen barocken Schlossgarten mit Tempeln, klassizistischen Bildhauereien und einer Orangerie. Das Schloss war einst die Keimzelle der Stadt – drum herum entstand unter der Ägide der Herzogin Dorothea Sophie ab 1730 eine barocke Planstadt. Vom prachtvollen Residenzpalast sind nur die Kellergewölbe erhalten, doch viele der umliegenden Gebäude sind heute (wieder) in hervorragendem Zustand. *Infos:* Schlossgarten | mv-schloesser.de

2 Eine Reise in slawische Zeit

Auf dieser Halbinsel im Zierker See tauchst du ein in eine vergangene Welt. Hier wurde ein **Slawendorf** in traditioneller Bauweise errichtet – bis zur Mitte des 12. Jhs. war das heutige Mecklenburg-Vorpommern fest in slawischer Hand. Neben typischen Holzbauten und dem mächtigen Palisadenzaun ist auch die Rekonstruktion eines slawischen Boots zu sehen. Für zünftige Stärkung nach dem Rundgang sorgen ein Grillstand und Brot aus dem Lehmbackofen. *Infos:* Franzosensteg | Mai–Sept. Mo–Fr 10–17, Okt. bis 16 Uhr | Erwachsene 4,50 €, Kinder 2 € | slawendorf-neustrelitz.de

3 Eine Oase der Stille

Steht dir der Sinn nach Stille und Einkehr? Dann besuch die 1859 fertiggestellte neugotische **Schlosskirche.** Sie beheimatet heute die Plastik-Galerie Neustrelitz mit einer sehenswerten Sammlung von Werken der figürlichen Bildhauerei international bekannter Künstler – ruhig und sehenswert. *Infos:* Hertelstr. 2 | April–Okt. Di–So 11–17 Uhr | Erwachsene 4 €, ermäßigt 2,50 €

4 Auf Augenhöhe mit den Baumriesen

Nach der inneren Einkehr ist es Zeit für ein wenig Open-air-Action: In einem Kiefernwald am 10 km von Neustrelitz entfernten Woblitzsee wartet im **Hochseilgarten Havelberge** ein aufregendes Abenteuer auf euch. In verschiedenen Höhen verlaufen sieben Streckenabschnitte, so findet jeder seine persönliche Herausforderung, auch Kleinkin-

5 Die Landeshistorie studieren

Im **Kulturquartier** wird die knapp 300-jährige Geschichte Mecklenburgs fein präsentiert, von der Gründung des Herzogtums 1701 bis zur Wiedervereinigung 1990. Die gelungene Mischung aus virtuellen Ausstellungselementen und historischen Exponaten macht die Schau im ehemaligen Postgebäude zu einem Erlebnis und auch für Kinder und Jugendliche interessant. Zudem ist hier die Stadtbibliothek untergebracht. *Infos:* Schlossstr. 12/13 | tgl. 10–18 Uhr | Eintritt 6 €, Kinder ab 12 J. 3 € | kulturquartier-neustrelitz.de

der. **Infos:** *An den Havelbergen 1 | Userin | Anfang April–Ende Okt. | Eintritt 11,50 €, Eintritt 18,50 € | haveltourist.de*

ESSEN & TRINKEN

6 Gediegen tafeln im Industriedenkmal

Drinnen sitzt du im rustikal-coolen Backsteingemäuer, draußen lauschig unter großen alten Bäumen. Die **Alte Kachelofenfabrik** beherbergt heute neben dem schönen Restaurant (Fisch vom Müritz-Fischer, Gemüse vom Biohof) außerdem noch einen Biergarten, ein Kulturzentrum und ein Kino. **Infos:** *Sandberg 3a | tgl. ab 17, Sa/So auch 12–14 Uhr | Tel. 03981 23 70 96 | basiskulturfabrik.de | €–€€*

7 Mecklenburgische Küche in der Luisenstube – ein Genuss!

Die leckeren Wild- und Fischgerichte des Traditionslokals schmecken am besten auf der teilweise überdachten Hofterrasse. Bereits seit 1883 gibt es diesen Ort, eröffnet als reine Weinstube, später zum Gasthaus erweitert – ein Klassiker. **Infos:** *Seestr. 8 | tgl. 11.30–22 Uhr | Tel. 03981 20 07 77 | luisenstube.de | €€*

8 Suppen & mehr

Regionale und saisonale Küche, ein preisgünstiger Mittagstisch und eine Auswahl leckerer Suppen gibt es im **Sophienkeller**. Gekocht wird vornehmlich mit regionalen Produkten. **Infos:** *Seestr. 38 | Mo–Sa 11–15, 18–22 Uhr | Tel. 03981 23 82 38 | restaurant-sophienkeller.com | €–€€*

SCHICKES INDUSTRIEERBE

So ästhetisch können Industriehallen sein: In der Alten Kachelofenfabrik werden heute nachhaltige Speisen und kulturelle Angebote serviert

9 Kaffeevorräte auffüllen im Café Bohn Aparte

Dieses kleine Café im Alten Kornspeicher am Hafen betreibt eine eigene Rösterei. Sechs Sorten stehen zur Auswahl, die Bohnen werden vor Ort frisch verarbeitet. Vorrat für die Wohnmobilküche mitnehmen! *Infos: Am Stadthafen 5 | Di–So 9–18 Uhr | alterkornspeicher.de*

Insider-Tipp
Die Eis-Überraschung von nebenan
Das vielleicht beste Softeis deines Lebens bekommst du in der Eiskonditorei Leiste (Mühlenstr. 63 | GPS 53.370058, 13.069317 | eiskonditorei-leiste.de).

STELL- & CAMPINGPLÄTZE

10 Schöner Ankerplatz am Hafen

Nur einen Katzensprung von der Innenstadt entfernt, dennoch ruhig gelegen, gutes Café, Restaurants direkt vor der Tür – für eine Nacht perfekt. Länger darf man leider auch nicht bleiben. WC, Duschen und Entsorgung gleich ums Eck bei der Hafenmeisterei. Ganzjährig.

Wohnmobilstellplatz am Stadthafen 🐾

€ | Zierker Nebenstraße | 17235 Neustrelitz Tel. 03981 26 29 96 | GPS: 53.365618, 13.055712
▶ *Größe: ca. 25 Stellplätze*

11 Ein zauberhafter Ort in der Natur

Außerhalb, dafür idyllisch an einem kleinen See mitten im Müritz-Nationalpark liegt das **Hexenwäldchen,** ein echter Naturcampingplatz. Terrassiertes Gelände an einem bewaldeten Hang, Badebucht mit Sandstrand unten am See. Fahrrad- und Kanuverleih. Zum Schutz der Umwelt keine Chemie-WC-Entsorgung. 20 km westlich von Neustrelitz, Ostern bis weit in den Herbst geöffnet.

Naturcamping zum Hexenwäldchen 🐾😊☀

€€ | Blankenförde 1 a | 17252 Roggentin Tel. 039829 2 02 15 | hexenwaeldchen.de GPS: 53.3509614, 12.9242006
▶ *Größe: ca. 100 Stellplätze*

Planen – Packen – Losfahren

Gut zu wissen

An- und Einreise

Nach **Schleswig-Holstein** gelangt ihr aus dem Süden kommend über die A 7 Richtung Kiel–Flensburg oder die A 1 Richtung Lübeck–Puttgarden. Von Osten erfolgt die Anreise über die A 24 Berlin–Hamburg oder über die Ostsee-Autobahn A 20 nach Lübeck. Die **Ostseeküste Mecklenburg-Vorpommerns** erreicht man am besten über die A 20, nach Rügen geht es von dort via Stralsund über die Strelasundbrücke, nach Usedom über die Wolgaster oder die Zecheriner Brücke. Der beste Weg zur **Mecklenburgischen Seenplatte** erfolgt aus westlicher Richtung ebenfalls über die A 20, aus dem Süden via Berlin auf der A 24 Richtung Schwerin oder der A 19 nach Waren und Güstrow. **Einreisebeschränkungen** für Wohnmobil-Reisende aus Österreich oder der Schweiz bestehen nicht, gelegentlich werden Fahrzeuge an der Grenze aber zur Personenkontrolle auf eine gesonderte Spur geleitet.

Ärztliche Versorgung/Notruf

Gute Kliniken gibt es in allen größeren Städten wie Flensburg, Kiel, Lübeck, Rostock und Greifswald, Krankenhäuser auch in kleineren Orten, Apotheken in nahezu jedem Dorf. Infos zur nächsten Arztpraxis erteilen die Rezeptionen auf Camping- und guten Stellplätzen oder jeweils die örtliche Touristeninformation. Die **Notrufnummer** für Feuerwehr/Notarzt ist 112, für die Polizei 110. Die ADAC-Pannenhilfe hat die Rufnummer 089 20 20 40 00.

Auskunft

Infos erteilen die Tourismusverbände der einzelnen Regionen: Tourismus-Agentur Schleswig-Holstein GmbH (Wall 55 | Kiel | Tel. 01805 60 06 04 | sh-tourismus.de); Ostsee-Holstein-Tourismus e. V. (Am Bürgerhaus 2 | Scharbeutz | Tel. 04503 88 85 25 | ostsee-schleswigholstein.de); Tourismusverband Mecklenburg-Vorpommern (Konrad-Zuse-Str. 2 | Rostock | Tel. 0381 4 03 05 50 | auf-nach-mv.de); Tourismuszentrale Rügen (Circus 16 | Putbus | Tel. 03838 80 77 80 | ruegen.de); Tourismusverband Vorpommern (Fischstr. 11 | Greifswald | Tel. 03834 89 11 89 | vorpommern.de); Tourismusverband Mecklenburgische Seenplatte e. V. (Turnplatz 2 | Röbel/Müritz) | Tel. 039931 53 80 | mecklenburgischeseenplatte.de); Tourismusverband Mecklenburg-Schwerin e. V. (Puschkinstr. 44 | Schwerin | Tel. 0385 59 18 98 75 | mecklenburgschwerin.de).

Camping- und Stellplätze

Es gibt Hunderte Stell- und Campingplätze an der deutschen Ostseeküste sowie in der Holsteinischen Schweiz und

Gut zu wissen

der Mecklenburgischen Seenplatte. Stellplätze sind gegenüber Campingplätzen meist wesentlich kleiner, oft nicht eingezäunt, manchmal nur für eine Übernachtung zugelassen, stets preisgünstiger (oft Bezahlung am Automaten), meist für Wohnwagen und immer für Zelte verboten und weniger opulent ausgestattet, bis hin zum völligen Fehlen von Infrastruktur. Die Tarife schwanken deutlich, das reicht von der kostenfreien Nutzung simpler Übernachtungsmöglichkeiten auf öffentlichen Parkplätzen ohne jeden Service (dafür oft nah zu Sehenswürdigkeiten) über gut mit Strom und Sanitäranlagen ausgestattete Stellplätze bis hin zu Luxuscampingplätzen mit Pool und Wellnesseinrichtungen, die dann 30 Euro und deutlich mehr kosten können. Etliche Campingplätze haben preisgünstigere separate Stellplatzflächen für Wohnmobile inner- oder außerhalb des Geländes, wobei man die Serviceeinrichtungen des Platzes in der Regel mitbenutzen darf.

Diplomatische Vertretungen

Wohnmobilreisende aus Österreich finden Honorarkonsulate ihres Heimatlands in Kiel (Bergstr. 2, Tel. 0431 55 25 05), Lübeck (Gertrudenstr. 15, Tel. 0451 3 10 01 50) und Rostock (Am Campus 1–11, Tel. 0381 64 91 22). Die nächsten Schweizer Vertretungen befinden sich in Hamburg (Flughafenstr. 1–3, Tel. 040 50 75 29 30) und in Berlin (Otto-von-Bismarck-Allee 4A, Tel. 030 3 90 40 00).

Entsorgung und Energie

Das Entsorgen von Brauchwasser und Toiletten ist grundsätzlich nur an ent-

---

Selbstbestimmt und abgesichert Freiheit und Unabhängigkeit erleben

Mit PaulCamper wird dein Roadtrip etwas Besonderes!

Ob Jahresurlaub oder kleine Auszeit, ein Roadtrip im Camper oder Wohnmobil ermöglicht dir, flexibel und selbstbestimmt zu reisen. Mit Europas größter Vermittlungs-Plattform für Campingbusse, Wohnmobile und Wohnwagen kann der Traum von Abenteuer, Freiheit und Unabhängigkeit ganz schnell wahr werden. Bei PaulCamper findest du individuelle Camper von erfahrenen Vermietern. Die Campingausstattung ist bei allen Fahrzeugen schon enthalten. Und natürlich fährst du komplett versichert und ohne Zusatzkosten in den Urlaub. Na dann:

 Camper aussuchen, buchen und losfahren:
www.paulcamper.de

ANZEIGE

Gut zu wissen

> **WAS KOSTET WIE VIEL?**
>
> **Kaffee 1,80–3 €**
> für eine Tasse/Becher
>
> **Cappuccino ca. 3,50 €** im Café
>
> **Bier 2–2,50 €** für 0,3 Liter
>
> **Kurtaxe 1–3 €**
> pro Tag/Hauptsaison
>
> **Strandkorb ab etwa 8 €**
> Tagesmiete
>
> **Snack ab 2,50 €**
> für ein Fischbrötchen
>
> **Fahrrad 8–12 €**
> Miete pro Tag
>
> **SUP-Board/Kajak etwa 40 €**
> Tagesmiete, teils inkl.
> Neoprenanzug/Schwimmweste

sprechend ausgeschilderten Stellen (also meist auf Stell- und Campingplätzen) erlaubt. Dort gibt es zudem in der Regel Stromanschlüsse, teilweise kann man auch Gasflaschen kaufen.

Hunde

Vierbeiner werden auf den allermeisten Stell- und Campingplätzen der Region akzeptiert, mitunter fallen zusätzliche Gebühren an. Restaurants in den Ferienorten stellen oft Schüsseln mit Trinkwasser für sie bereit. Auf Promenaden und in Nationalparks besteht für Hunde in der Regel Leinenpflicht. Fast überall an der Ostsee gibt es separate Hundestrände, die örtliche Touristeninfo verrät wo.

Gute Infos finden Hundebesitzer auch auf der Website ostsee24.de/ostsee-urlaub/urlaub-mit-hund.

Maut & Vignetten

Auf deutschen Autobahnen fallen in der Regel keine Kosten für Maut oder Vignetten an. Ausnahmen sind einzelne Tunnelpassagen, etwa zwischen Lübeck und Travemünde.

Parken, Abstellen & Freistehen

Das Parken ist in der gesamten Region nicht einfach, viele Plätze sind für Wohnmobile nicht zugelassen und/oder sehr teuer. Dabei kann sich die Situation je nach Ort und Saison kurzfristig ändern, die Empfehlungen in diesem Band für öffentliche Parkplätze erfolgen daher ohne Gewähr. Geparkt werden darf überall, wo es nicht durch Verbots- oder Zusatzschilder (ein PKW-Symbol unter dem blauen „P" etwa erlaubt das Parken nur für PKWs) untersagt ist. Mit zwei Rädern auf dem Gehweg parken dürfen nur Fahrzeuge bis 2,8 t Gewicht. Übernachten abseits ausgewiesener Stellplätze ist nur zur Erhaltung der Fahrtüchtigkeit für maximal eine Nacht zulässig. Dabei sollten weder Campingmöbel aufgestellt noch die Markise ausgefahren werden. In größeren Orten am besten das Mobil auf dem Stell- oder Campingplatz stehenlassen und per Bus oder Fahrrad in den Ort fahren.

Verkehrsregeln

Die Tempolimits in Deutschland sind auch für Wohnmobile klar geregelt. In Ortschaften gilt generell eine maximale

AUFWACHEN MIT MEERBLICK

Das geht im Caravancamp Ostseeblick in Dranske auf der Halbinsel Wittow an der Westküste Rügens

Geschwindigkeit von 50 km/h. Auf Landstraßen dürfen kleinere Mobile 100 km/h fahren, Fahrzeuge von 3,5 bis 7,5 t 80 km/h und die ganz großen sogar nur 60 km/h (letztere auf Autobahnen maximal 80 km/h). Die Gurtpflicht auf den vorderen Sitzen ist immer zu beachten, für den hinteren Bereich gibt es je nach Baujahr des Mobils unterschiedliche Regeln. Hunde müssen während der Fahrt nicht gesichert werden.

WLAN

Schleswig-Holstein ist weitgehend mit schnellem Internet versorgt, und die meisten Campingplätze bieten WLAN an. Das gilt bis auf kleinere Orte auch für die Küste Mecklenburg-Vorpommerns. Auf Rügen, Usedom und in der Mecklenburgischen Seenplatte ist das Handynetz noch lückenhaft und das Internet langsamer – was als Mangel oder Entschleunigung gesehen werden kann.

REISEZEIT UND WETTER

Das Reizklima der Ostsee ist bekannt für seine wohltuende Wirkung für Haut und Atemwege. Jede Jahreszeit hat hier ihren besonderen Reiz, selbst der Winter. Das Wetter am Meer kann sich sehr schnell (meist zum positiven) ändern, Prognosen zum Trotz. Durch den stetig wehenden Wind wird es selbst im Sommer selten wärmer als 20 °C, und die Wassertemperatur der offenen Ostsee klettert kaum über die 18- oder 20-Grad-Marke. In Haff und Bodden sowie in den Seen ist das Wasser (bis 23 °C), im Binnenland auch die Luft wärmer. Erstaunlich: Obwohl es an der Ostsee an 8 bis 10 Tagen im Monat regnet, ist die gesamte Niederschlagsmenge geringer als etwa in vielen Teilen Bayerns.

Feste & Events

GROSSER BAHNHOF

Höhepunkt der Hanse Sail ist die Ankunft der historischen Großsegler im Rostocker Hafen

Februar

Beach Dining (Timmendorfer Strand): In über 100 Strandkörben oder im Zelt neben der Seebrücke wird gut gegessen (meist am Faschingswochenende).

März/April

Jazzfrühling (Neubrandenburg): zweite Märzhälfte, Swing, Bebop, Dixie und Freejazz, *jazzfruehling-nb.de*

Festspielfrühling (Rügen): Solisten und Orchester treten in Kirchen, Scheunen und Gutshäusern auf, *festspiele-mv.de*.

Osterfeuer (viele Ostseeorte): Karfreitag bis Ostermontag, Riesenfeuer am Strand, Livemusik, Eiersuche und mehr

Mai/Juni

Nordischer Klang (Greifswald): Anfang Mai 10 Tage Musik und Kunst aus Skandinavien, *nordischerklang.de*

Müritz-Sail (Waren): Mitte Mai Drachenbootrennen, Segelregatta und mehr, *mueritzsail.net*

Kleinkunstfestival (Usedom): Zu Pfingsten kommen Straßenkünstler aus der ganzen Welt auf die kleine Insel, *kleinkunst-festival.de*.

KunstOffen (ganz Mecklenburg-Vorpommern): Hunderte Künstlerinnen und Künstler öffnen am Pfingstwochenende ihre Galerien und Werkstätten, *auf-nach-mv.de/kunstoffen*.

Feste & Events

Weltfischbrötchentag (ganz Schleswig-Holstein): Anfang Mai, Feier zu Ehren des beliebten Snacks, mit Shanty-Konzerten & Co

Kieler Woche (Kiel): letzte volle Juniwoche, größtes Segelsportereignis der Welt mit riesigem Begleitprogramm, *kieler-woche.de*

Schlossfestspiele (Schwerin): Mitte Juni–Mitte Juli wird vor der Schlosskulisse jedes Jahr eine andere Oper aufgeführt, *theater-schwerin.de*.

Juli/August/September

Musikfestival (ganz Schleswig-Holstein): Anfang Juli–Ende August, hochkarätige Konzerte an vielen Spielstätten im gesamten Bundesland, *shmf.de*

Eutiner Festspiele: Anfang Juli–Mitte Aug., Open-Air-Festspiele am See zu Ehren des 1786 in Eutin geborenen Komponisten Carl Maria von Weber

Travemünder Woche (Travemünde): zweite Julihälfte, zweitgrößte internationale Segelregatta des Landes, *travemuender-woche.com*

Wikingertage (Schleswig): zwei Tage Anfang Aug., Fest rund um die Seefahrer aus Haithabu, *wikingertage.de*

Hanse Sail (Rostock): zweite Augustwoche, großes Treffen von Traditionsseglern, *hansesail.com*

Festspiele (Mecklenburg-Vorpommern): Übers ganze Jahr verteilt finden über 120 Konzerte von Jazz über Klassik bis Tango statt, *festspiele-mv.de*.

Störtebeker-Festspiele (Ralswiek auf Rügen): Ende Juni–Anfang Sept., Episoden aus dem Leben des Freibeuters, *stoertebeker.de*.

September/Oktober

Musikfestival (Usedom): Drei Wochen lang spielen Musiker aus aller Welt in Scheunen, Kirchen & Co., *usedomer-musikfestival.de*.

November/Dezember

Polenmarkt (Greifswald): Ende Nov. treten polnische Musiker und Künstler eine Woche lang auf, *facebook.com/polenmarkt*.

Fischers Wiehnacht (Timmendorfer Strand, Ortsteil Niendorf): Anfang Dez. (Wochenende) läuft der Nikolaus per Schiff in den kleinen Hafen ein und wird vom Volksfest ringsum gebührend empfangen.

FEIERTAGE

1. Jan. Neujahr

März/April
Karfreitag/Ostermontag

1. Mai Tag der Arbeit

Mai/Juni
Himmelfahrt, Pfingstmontag

3. Okt.
Tag der Deutschen Einheit

31. Okt. Reformationstag

25./26. Dez. Weihnachten

Camper-Packliste

Experten-Check von Paul Camper

CAMPINGAUSRÜSTUNG

- ☐ Gasflasche (und ev. Gasinhaltsmesser)
- ☐ Frischwasserkanister
- ☐ Abwasserschlauch
- ☐ Kabeltrommel
- ☐ Campingstromadapter
- ☐ Auffahrkeile oder Holzbretter als Stütze
- ☐ Sanitärflüssigkeit für Campingtoilette (falls vorhanden)
- ☐ Toilettenpapier
- ☐ Campingstühle und -tisch
- ☐ Markise und Vorzelt
- ☐ Heringe und Gummihammer
- ☐ Handfeger und Schaufel
- ☐ Decke und Kopfkissen, alternativ Schlafsack
- ☐ Wäscheleine und -klammern
- ☐ Campingleuchte oder Laterne
- ☐ Taschenlampe oder Stirnlampe
- ☐ Taschenmesser
- ☐ Duct-Tape
- ☐ Handwaschmittel
- ☐ Mückenspray, Sonnencreme
- ☐ Nagelset (inkl. Pinzette)

Zusätzlich

- ☐ MARCO POLO Straßenkarte(n)
- ☐ Grill (Koffergrill oder Gasgrill)
- ☐ Hängematte
- ☐ Decke
- ☐ Kartenspiele
- ☐ Mehrfachsteckdose
- ☐ USB-Adapter für Zigarettenanzünder
- ☐ Powerbank

SICHERHEITSAUSRÜSTUNG

- ☐ Reiseapotheke
- ☐ Verbandskasten (Ablaufdatum beachten)
- ☐ Warndreieck und -weste (1 pro Person)
- ☐ Feuerlöscher
- ☐ Ersatzreifen
- ☐ Wagenheber und Radkreuz
- ☐ Ersatzkanister und Einfüllstutzen
- ☐ Motoröl
- ☐ Starthilfekabel
- ☐ Abschleppseil
- ☐ Werkzeugkasten
- ☐ ev. Ersatzglühbirnen und -sicherungen

Camper-Packliste

CAMPINGKÜCHE

- Küchenutensilien
- Kühlbox (wenn kein Kühlschrank eingebaut)
- Töpfe, Pfannen
- Besteck inkl. Kochlöffel, Teller, Tassen, Gläser
- (Brot-, Schneide-) Messer
- Tupperdosen (für Reste)
- Sieb
- Reibe
- Dosenöffner
- Flaschenöffner, Weinöffner
- Alufolie
- Schere
- Geschirrtücher, Spülmittel, Lappen, Küchenrolle
- Topflappen
- Müllbeutel
- Kaffeekocher
- Feuerzeug, Streichhölzer

NAHRUNGSVORRAT

- Salz, Pfeffer, Gewürze (z. B. in kleinen Gläsern)
- Öl, Essig
- Kaffee, Tee
- Müsli, Cornflakes
- Brot, Aufstriche
- Vorratslebensmittel (Nudeln, Reis, Linsen)
- Gemüsekonserven: Tomaten, Mais, Kidneybohnen
- Notration Essen (z. B. Dosenravioli)
- Getränke

Fahrzeug-checkliste

Experten-Check von PaulCamper ✓

Fahrzeugcheckliste

LÄNGERFRISTIG

- ○ Gasprüfung gültig?
- ○ Grüne Versicherungskarte gültig?
- ○ HU/AU gültig?
- ○ Auflaufbremse geprüft (Fachwerkstatt)?
- ○ Auflaufbremse geprüft (Fachwerkstatt)?
- ○ HU/AU gültig?

MITTEL- & KURZFRISTIG

- ○ Was tanken (Benzin/Diesel)?
- ○ Beladungsgrenze/-zustand?
- ○ Welche Reifen für die Destination nötig?
- ○ Winter- bzw. Sommerreifen montiert?
- ○ Profiltiefe der Reifen gecheckt?
- ○ Ölstand gecheckt?
- ○ Kühlmittelstand gecheckt?
- ○ Reifendruck gecheckt?
- ○ Öl und Kühlwasser zum Nachfüllen vorhanden?
- ○ Ladezustand Starterbatterie und Wohnraumbatterie gecheckt?
- ○ Toilette an Bord und entleert?
- ○ Wassertank vorhanden und gefüllt?
- ○ Wasserpumpe funktioniert?
- ○ Gasvorrat vorhanden?
- ○ Markise/Sonnensegel/Regenalternative vorhanden?
- ○ Vorzelt nötig?
- ○ Wohnwagen: Elektrostecker funktionieren (Bremslichter und Co)?
- ○ 12-V-Kabel vorhanden?

VOR DER ABFAHRT

- ○ Dachluke geschlossen?
- ○ Fenster zu?
- ○ (Stand-)Heizung aus?
- ○ Markise eingefahren und gesichert?
- ○ Kühlschrank verriegelt und auf 12 V umgestellt?
- ○ Alles vom Tisch geräumt und gesichert?
- ○ Schubladen und Schränke sicher geschlossen?
- ○ Tische und Stühle sicher verstaut?
- ○ Herdabdeckung zu?
- ○ Gasventil geschlossen?
- ○ 230-V-Kabel getrennt und eingepackt?
- ○ Wasserpumpe abgeschaltet?
- ○ Abwassertank geschlossen?
- ○ Trittstufe eingefahren?
- ○ Stützen eingefahren und Keile verstaut?
- ○ Wassertankdeckel verschlossen?
- ○ Handbremse gelöst?

Dann kann's losgehen!

Adventure Kids

Experten-Check von PaulCamper

Coole Spiele für lange Fahrten

Ich packe meinen Koffer

Der Erste startet mit dem Satz „Ich packe meinen Koffer und nehme mit …" und nennt einen Gegenstand. Reihum fügt ihr nun immer eine weitere Sache hinzu, müsst aber immer alle anderen bisher genannten Dinge davor aufzählen. Wer sich irrt, scheidet aus. Wie viele Dinge schafft ihr, in eueren Koffer zu packen?

Wort an Wort

Ein Mitspieler beginnt, indem er ein Wort nennt. Legt euch dabei auf eine Kategorie fest: Tiere, Berufe oder Orte. Wenn ihr euch auf Tiere einigt, könnt ihr zum Beispiel mit „Elefant" anfangen. Der nächste Spieler muss dann ein Tier mit dem letzten Buchstaben dieses Worts nennen, hier mit t, zum Beispiel „Tiger". Ihr könnt es noch ein bisschen schwieriger machen, indem ihr zusammengesetzte Wörter nutzt. Zum Beispiel „Bauherr" – „Herrenhaus" – „Haustür" und so weiter. Wem nichts mehr einfällt, scheidet aus.

Wer bin ich?

Dabei denkt sich einer von euch eine Person aus. Lebend oder verstorben, echt oder erfunden – vor allem bekannt soll sie sein. Die anderen müssen erraten, welche Person man im Kopf hat. Als Antworten sind nur „Ja" oder „Nein" erlaubt. Statt „Bist du eine Zeichentrickfigur oder eine echte Person?" heißt die Frage also „Bist du eine Zeichentrickfigur?".

Entdeckungsreise Ostseeküste & Seenplatte

Welchen Tieren bist du im Urlaub bereits begegnet?

○ Fischotter
○ Miesmuschel
○ Schwan
○ Eisvogel
○ Möve
○ Stichling

Das Ostseeküste- und Seenplatte-Quiz

1. Ein Ostsee-Schatz hat die Farbe von Honig und manchmal Fossilien eingeschlossen. Wie heißt er?

_____

Bernstein

2. Wie viele Seen hat die Mecklenburger Seenplatte und wie heißt der größte?

_____

1.117 Seen, der größte heißt Müritzsee

3. Was wächst in der Natur, das man essen kann?

_____

Äpfel, Birnen, Pilze, Spargel, Beeren, Waldmeister …

4. Was nennt man auch die „Zitrone des Nordens"?

_____

Sanddorn

Auf der Ostsee und auf den Seen der Seenplatte sind viele Schiffe unterwegs. Wie sieht dein Traumschiff aus? Hier ist Platz für deine Zeichnung.

Urlaubsfeeling

Playlist

▶ **Wo die Ostseewellen trecken an den Strand**
Ohrwurm von der Küste, gesungen zum Beispiel vom Passat-Chor Travemünde

▶ **Wir lieben die Stürme**
Weit verbreitetes Lied, das die Sehnsucht nach Meer, gemeinsamem Erleben und Abenteuer ausdrückt. Überzeugend etwa im Repertoire des Shantychors „De Prerow Stromer".

▶ **Du hast den Farbfilm vergessen**
So hieß Nina Hagens größter Hit in der DDR, mit viel Ironie und 70er-Jahre-Nostalgie vorgetragen.

▶ **Ostseereiselied**
Gute-Laune-Urlaubssong von Songwriter und Liedermacher Thomas Koppe (geb. in Weimar), mit dem sich Jung und Alt schon auf der Anreise in Stimmung bringen können.

> Den Soundtrack zum Urlaub gibt's auf **Spotify** unter **MARCO POLO Ostsee & Seenplatte**

Lesestoff & Filmfutter

Das Handelshaus: Ein Roman aus der Hansezeit – Darin entführt Autor Axel S. Meyer ins 16. Jh., wo es in einem der reichsten Handelshäuser Nordeuropas nach dem Tod des Patriarchen zum Machtkampf zwischen den Söhnen kommt. Auch in der Liebe sind sie Rivalen. Sittengemälde aus der Zeit des Niedergangs der einst mächtigen Hanse.

Todesstrand: Ein Ostseekrimi – Die leidenschaftliche Polizistin Emma Klar jagt in Wismar *undercover* skrupellose Mädchenhändler. Teil 1 einer Trilogie der Autorin Katharina Peters (2017).

Faszination Ostseeküste – Der renommierte Luftbildfotograf Martin Elsen dokumentiert in traumhaften Bildern die Ostseeküste von oben. Ein opulenter Bildband von 2018, der Lust auf Mee(h)r macht.

12 Meter ohne Kopf – Diese Abenteuerkomödie aus dem Jahr 2009 von Regisseur Sven Taddicken erzählt aus dem Leben des Freibeuters Klaus Störtebeker. Zu einem großen Teil wurde der Streifen in Stralsund gedreht, u. a. mit Matthias Schweighöfer und Detlev Buck.

Urlaubsfeeling

Apps, Blogs, Websites & Videos

adac.de
Deutschlands größter Automobilclub leistet Pannenhilfe und mehr.

pincamp.de
Das Campingportal des ADAC nennt zahllose Plätze in der Region, dazu hilfreiche Tipps, Tricks und Reiseberichte rund ums Campen.

park4night.com
Gute Website für die Suche von Stell- und Parkplätzen, mit Erfahrungsberichten anderer Wohnmobilreisenden

wassertemperatur.org/ostsee/
Mit ein paar Klicks auf die blauen Marker in einer Karte der deutschen Ostseeküste kann man hier die aktuellen Wassertemperaturen für einige der beliebtesten Urlaubsorte abrufen.

ostsee.de
Viele Infos, Tipps und Angebote rund um den Urlaub an der Ostsee

Ostsee* Schleswig-Holstein Guide
App des Ostsee-Holstein-Tourismus mit Tipps zu Ausflügen, Restaurants, Veranstaltungen etc., auf app-ostsee.de kostenlos herunterladen

wirsindinsel.de
Onlinemagazin speziell für Rügenurlauber

mueritzportal.de
Website voller Infos zu Regionen, Veranstaltungen und mehr an der Müritz

usedom.de/insel-stimmen
Hier lässt eine Vielzahl von Bloggern die User an ihren persönlichen Erfahrungen auf Usedom teilhaben.

WEGTRÄUMEN?
Mit Playlist, Lesestoff und Filmen den Urlaub aufleben lassen

Notizen

Register

Achterwasser 131, **135**, 136
Ahlbeck 144, **145**
Ahrenshoop 87, **96**, **97**
Altenkirchen 114
Alt Reddevitz 128
Alt Schwerin 171
Anklam 131, **139**
Arnis 27
Baabe 127
Bäderbahn Molli 72
Bad Malente-Gremsmühlen 47
Bansin 144, **145**
Bärenwald Müritz, Stuer 171
Barth 92
Baumkronenpfad, Ivenacker Eichen 179
Baumwipfelpfad, Nationalpark Jasmund 123
Benz 149, **150**
Bergen 112
Bernsteinbäder 136, 145
Binz **122**, **123**
Blaues Wunder, Wolgast 135
Boltenhagen 69
Born 92
Breege-Juliusruh 115
Brodtener Steilufer 61
Burg 57
Burg Penzlin 189
Burgstaaken 57
Burg Stargard 180
Caspar-David-Friedrich Zentrum, Greifswald 105
Cismar 49
Crivitz 158
DDR-Alltagsmuseum, Malchow 161
DDR-Museum Dargen 149
Deutsches Bernsteinmuseum, Ribnitz-Damgarten 90
Dierhagen 91

Dobbertiner See 159
Draisinen-Bahn 160
Dranske 114
Eckernförde 27
Eisenbahn-Hubbrücke, Karnin 139
Eutin 43, **52**, **53**
Federow 185
Fehmarn 43, **56**
Fehmarnsundbrücke 48, 56
Feldberg 181
Feuersteinfelder 115
Fischland-Darß-Zingst, Halbinsel 87
Flensburg 21, **30**
Freest 134
Freilichtmuseum Molfsee 39
Garz 117
Gelting 25
Gingst 112
Glücksburg 24
Göhren **127**, 129
Goldberg 159
Goldberger See 159
Golm 138
Gorch Fock I, Stralsund 101
Graal-Müritz 90
Greifswald 87, **104**, **105**, 131, 134
Greifswalder Bodden 105, 117
Greifswalder Oie 141, 142
Grömitz 49
Groß Zicker 128, 129
Grüssow 149
Gullivers Welt, Pudagla 149
Güstrow 153, **162**, **163**
Gut Panker 47
Halbinsel Bug 114
Halbinsel Gnitz 136
Halbinsel Mönchgut **126**, **127**
Halbinsel Priwall 61, 68
Halbinsel Struck 134
Hansa-Park 50

Havel 182
Heiligendamm 72
Heiligenhafen 48
Heringsdorf 144, **145**
Hexenmuseum, Penzlin 189
Hiddensee 114
Hochseilgarten Havelberge, Userin 193
Hohen Demzin 178
Hohen Wischendorf 71
Hohwacht 48
Hohwachter Bucht 43
Holländermühle Benz 149
Holsteinische Schweiz 29, 43
Ivenack 179
Jagdschloss Granitz 123
Kaiserbäder 137, **144**, **145**
Kamminke 137
Kap Arkona 114
Kappeln 26
Karlshagen 140, 142
Karnin 139
Kiel **38**, **39**
Kieler Förde 21, 38
Klocksin 178
Klosterruine Eldena 105
Königsstuhl 118, **119**
Koserow 136
Krakow am See 160
Krakower Seenlandschaft 160
Kreidefelsen, Rügen 120
Kühlungsborn 72
Kummerower See 178, 179
Laboe 28
Landschaftsmuseum Angeln, Unewatt 25
Langballigholz 24
Lauterbach 117
Lemkenhafen 57
Lieper Winkel 149
Lindaunis 27

Loddin 136
Lübeck 65, **74**, **75**
Lubmin 134
Ludwigslust 157
Luftfahrttechnisches Museum Rechlin 182
Lütow 136
Maasholm 25
Malchin 178
Malchow 153, **161**
Mecklenburgische Schweiz 178
Mecklenburgische Seenplatte 6, 175, 182, 185
Meereszentrum Fehmarn, Burg 57
Mellenthin 150
Middelhagen 127, 128
Mirow 182
Moritzdorf 127
Munkbrarup 24
Müritz 171, **175**, 182, 183, 185
Müritzeum, Waren 185
Müritz-Nationalpark **184**, **185**
Müritz-Saga, Waren 185
Nationalpark Jasmund 115, **118**, **119**
Nationalpark Vorpommersche Boddenlandschaft **93**, 94
Nationalpark-Zentrum Jasmund, Sassnitz 119
Naturerbe Zentrum Rügen 123
Naturexkursionen 141, 149
Naturpark Nossentiner/Schwinzer Heide **159**, **171**
Neppermin 150
Neubrandenburg **188**, **189**
Neustadt in Holstein 49
Neustrelitz **192**, **193**

213

Register

Nord-Ostsee-Kanal 39
Nordstrand, Prerow 93
Ostholstein-Museum, Eutin 53
Ostseestation Travemünde 68
Passat, Halbinsel Priwall 61
Peenemünde **140**, **141**
Peenestrom 131, 134, 139, 149
Plau am See **170**, 171
Plön 46
Plöner Seen 46
Poel, Insel 71
Pommersches Landesmuseum, Greifswald 105
Preetz 21, **29**, 43
Prerow 93
Prora, Binz 122, **123**
Putbus 116
Quilitz 149
Rankwitz 149
Rasender Roland, Göhren 127
Rechlin 182
Rerik 71
Ribnitz-Damgarten 90
Röbel/Müritz **183**
Rostock 65, 73, **82**, **83**
Rügen 7, **109**
Rügendamm 117
Rügenpark 113
Sassnitz **118**, **119**
Schaabe 115
Schaprode 113
Scharbeutz 50
Schifffahrtsmuseum, Flensburg 31
Schifffahrtsmuseum, Kiel 39
Schiffstouren 31, 47, 51, 53, 61, 95, 185
Schilksee 39, 41
Schleswig **34**, 35
Schloss Basthor 159
Schloss Bothmer 68
Schloss Gottorf, Schleswig 35
Schlossgut Groß Schwansee 68

Schloss Mellenthin 150
Schönberger Strand 28
Schwerin **166**, **167**
Sellin 116
Slawendorf, Neustrelitz 193
Spandowerhagen 134
Stasi-U-Haftanstalt, ehem., Rostock 83
Sternberg 156
Stettiner Haff 131
Stolpe 151
Stralsund 87, **100**, **101**, 112
Strande 28
Streckelsberg 146
Stuer 171
Swinemünde/Świnoujście 137, 145
Techentin 159
Teterow 178
Thiessow 127
Tierpark Ivenacker Eichen, Ivenack 179
Timmendorfer Strand 51
Trassenheide 140, 141
Travemünde 43, **60**, **61**, 68
Tropenzoo, Bansin 145
Ummanz 113
Unewatt 25
Usedom 131, **140**, 141, 145
Usedomer Schweiz 131, **148**, **149**
Usedom (Stadt) 138
Userin 194
Vilm 117
Vitte, Hiddensee 114, 115
Waren 175, **184**, **185**
Warnemünde **73**, 87, 90
Weiße Wiek 70
Weststrand, Prerow 93
Wieck 93
Wieck, Greifswalder Bodden 105
Wiekhäuser, Neubrandenburg 189

Wikinger-Museum Haithabu 27, **35**
Wildlife Usedom, Trassenheide 141
Wildpark-MV, Güstrow 164
Windmühle Amanda 26
Wismar 65, 71, **78**, **79**
Wohlenberger Wiek 70
Wolgast 135
Wustrow 91
Zempin 136
Zickersche Berge 128
Zingst 94
Zinnowitz 136
Zirchow 146

Campingplätze

Am Tierpark, Güstrow (Tour G) 165
Belt-Camping Fehmarn (Tour B) 59
Brasilien, Schönberger Strand (Tour A) 29
Dänische Wiek, Greifswald (Tour D) 107
Ecktannen, Waren (Tour H) 187
Ferien-Camp Börgerende (Tour C) 85
Ferienpark Wismar Lütt Moor (Tour C) 81
Flügger Strand, Fehmarn (Tour B) 59
Garder See, Lohmen (Tour G) 165
Gatsch-Eck, Wulkenzin (Tour H) 191
Haffküste, Kamminke (Tour F) 151
Inselcamping Werder, Alt-Schwerin (Tour G) 173
Ivendorf, Travemünde (Tour B) 63
Kiel-Falckenstein, Kiel (Tour A) 41
Krüger Naturcamping, Lohmen (Tour E) 121

Lübeck Schönböcken, Lübeck (Tour C) 77
Meier, Binz (Tour E) 125
Museumshafen, Greifswald (Tour D) 107
Nandalee Camping, Sellin (Tour F) 151
Naturcamping zum Hexenwäldchen, Roggentin (Tour H) 195
Niendorf, Wohlenberger Wiek (Tour C) 70
Ostseeblick, Trassenheide (Tour F) 143
Ostseecamp Glücksburg-Holnis (Tour A) 33
Prinzenholz, Eutin-Fissau (Tour B) 55
Regenbogencamp Born, Born a. Darß (Tour D) 99
Regenbogen Camp, Göhren (Tour E) 129
Reisemobilpark Eutiner See, Eutin (Tour B) 55
Süduferperle, Raben-Steinfeld (Tour G) 169
Sund Camp, Altefähr (Tour D) 103
Surfcenter Wustrow (Tour D) 99
Surfoase Mönchgut, Thiessow (Tour E) 129
Waldparkplatz Bansin (Tour F) 147
Wikinger Campingplatz Haithabu, Busdorf (Tour A) 37
Wohnmobil-Oase Prora, Binz (Tour E) 125
Zuruf, Plau am See (Tour G) 173

Stellplätze

Am Blumenhaus, Waren (Tour H) 187

Register & Impressum

Förde- und Kanalblick, Kiel, OT Wik (Tour A) 41
Halbinsel Peenemünde (Tour F) 143
Hangar 19, Schwerin (Tour G) 169
Industriehafen, Flensburg (Tour A) 33
Kommunalhafen, Burgstaaken (Tour B) 59
Königsstuhl, Lohme (Tour E) 121
Korbwerk, Heringsdorf (Tour F) 147
Kowitzberg, Travemünde (Tour B) 63
Ladebower Chaussee, Greifswald (Tour D) 107
Media Docks, Lübeck (Tour C) 77
Mühlendamm, Rostock (Tour C) 85
Rügenbrücke, Stralsund (Tour D) 103
Stadthafen, Neustrelitz (Tour H) 195
Stadthafen, Schleswig (Tour A) 37
Stralsund (Tour D) 103
Travemünder Landstraße, Travemünde (Tour B) 63
Westhafen, Wismar (Tour C) 81
Yachthafen, Neubrandenburg (Tour H) 191

Impressum

Titelbild: Wohnmobil mit Kajaks, See, Mecklenburg-Vorpommern (iStock.com: ewg3D)
Fotos: DuMont Bildarchiv/picture alliance: Bildagentur-online/Rolfes-McPhoto (108), H. Blossey/picture alliance/ZB/euroluftbilds (174), B. Boensch (162), J. Büttner/dpa-Zentralbild (86, 118, 140), R. B. Fishmann/dpa – Report (150), D. Gohlke (73), M. Grimm (113), R. Kaufhold (92), S. Lubenow (126), Bildagentur-online McP-Waldkirch (170), H. Meyer zur Capellen (Klappe innen, vorne), picture alliance/ZB/euroluftbild (124), S. Sauer (16/17, 122, 144), R. Schmid (179), M. Stuart (69), B. Wüstneck (91, 157, 202); Freepik.com (12); huber-Images: C. Dutton (76); G. Gräfenhain (51), K. Kreder (74); iStock.com: anyaberkut (196/197), J. Wackenhut (56); apomares (205), Bee-individual (206), Koldunov (211); mauritius images: W. Diederich (20), imageBROKER (161), T. Krüger (188), H. P. Szyszka/Novarc Images (192), A. Vitting (128), J. Mintelowsky (10, 142, 146, 148); C. Paulun (70, 80); Shutterstock.com: N. Alexander (201), J. Breuer (14), fretschi (117), Karsten_1 (130), R. Markus (104), photobeginner (82), ricok (100), L. Smile (60), I. M. Sommer (15), travelpeter (139), A. Trejo (64), UbjsP (166), M. Venema (25, 52, 78, 84), J. Wackenhut (42), B. Wylezich (184); F. Teuber (9, 13, 152, 158, 164, 168, 172, 180, 183, 186, 190, 194); S. Tokarski (62); Weiße Düne Segeltouren (135); T. Zwicker (4, 6, 29, 30, 32, 34, 36, 38, 40, 47, 54, 58, 95, 96, 98, 102, 106, 120, 199)

MIX
Papier aus verantwortungsvollen Quellen
FSC® C015829

1. Auflage 2021
© MAIRDUMONT GmbH & Co. KG, Ostfildern
Autoren: Thomas Zwicker, Jessica Mintelowsky, Carsten Paulun, Fabian Teuber
Lektorat & Bildredaktion: Silvia Engel
Kartografie: © MAIRDUMONT, Ostfildern, unter Verwendung von Kartendaten von OpenStreetMap, Lizenz CC-BY-SA 2.0
Gestaltung Umschlag & Layout: Sofarobotnik, Augsburg & München
Printed in Italy

Lob oder Kritik? Wir freuen uns auf deine Nachricht!
Trotz gründlicher Recherche schleichen sich manchmal Fehler ein. Wir hoffen, du hast Verständnis, dass der Verlag dafür keine Haftung übernehmen kann. Wir freuen uns aber, wenn du uns schreibst: MARCO POLO Redaktion • MAIRDUMONT • Postfach 31 51 • 73751 Ostfildern

MARCO POLO AUTOREN
Thomas Zwicker & Koautoren
Wenn der Hamburger Reisejournalist die Nase voll hat vom Großstadttrubel, fährt er schleunigst zu seinem Zweitwohnsitz in Travemünde – einmal am Strand kräftig durchatmen, und schon ist der Akku wieder geladen. Thomas Zwicker schrieb für diesen Band vier Touren (A, B, D und E) sowie die Rahmentexte, zwei Touren (G und H) steuerte **Fabian Teuber** bei, jeweils eine **Jessica Mintelowsky** (E) und **Carsten Paulun** (C), allesamt erfahrene JournalistInnen und CamperInnen aus dem norddeutschen Raum.

Bloß nicht ...

Die Ostsee unterschätzen

Im Gegensatz zur Nordsee gilt die Ostsee als zahm, da es hier selten meterhohe Wellen und (fast) keine Gezeiten gibt. Trotzdem sollte man Vorsicht walten lassen, denn bei bestimmten Wetterlagen können Strömungen entstehen, die Badende unter Wasser ziehen. Deshalb gilt: Beim Rausschwimmen die eigenen Kräfte nicht überschätzen, bewachte Badestrände bevorzugen und Warnhinweise beachten.

ZU DICHT AN DIE ABGRÜNDE GEHEN

Berichte über abgestürzte Wanderer zeugen von Leichtsinn. Also: Haltet auf Steilküsten Abstand von der (oft bröckelnden) Kliffkante, speziell wenn Geländer fehlen!

In der Hochsaison Ruhe erwarten

Im Juli und August kann es selbst an den längsten Stränden schon mal voll werden. Wer es einrichten kann, sollte in der Vor- oder Nachsaison reisen. Die Strandkörbe bleiben meist bis Ende Oktober draußen.

MIT DEM WOHNMOBIL IN DIE INNENSTÄDTE FAHREN

Die schönen Städte an der Ostsee und in der Mecklenburgischen Seenplatte haben einen entscheidenden Haken: Die Straßen sind meist eng, oft nur in eine Richtung befahrbar und Wohnmobiltaugliche Parkplätze rar. Heißt also: Auf Parkplätze am Stadtrand ausweichen und zu Fuß, per Rad oder Bus in die City – oder gleich über Nacht auf einem Stellplatz einquartieren und den abendlichen Stadtbummel genießen.

Parkregeln missachten

Der schöne große Parkplatz mit viel Raum fürs Wohnmobil lockt, nur leider hängt unter dem blauen „P"- ein PKW-Piktogramm: Womos dürfen hier nicht rein. Manch einer riskiert es trotzdem, was in der Nachsaison teilweise geduldet wird – auf stark frequentierten Strandparkplätzen wird es im Sommer aber mit großer Wahrscheinlichkeit Ärger geben. Auch wenn die erlaubte Standzeit überschritten wird (2,50 Euro pro Stunde sind keine Seltenheit), greifen die im Sommer an der Ostsee ständig patrouillierenden Ordnungshüter hart durch.